올림픽, 어디까지 아니?

올림픽, 어디까지 아니?

초판 1쇄 2022년 1월 17일
초판 3쇄 2023년 9월 25일

글쓴이 | 김윤정
그린이 | 이수영

펴낸이 | 조영진
펴낸곳 | 고래가숨쉬는도서관
출판등록 | 제406-2006-000090호
주소 | 경기도 파주시 회동길 329 (서패동) 2층
전화 | 031-955-9680~1 팩스 | 031-955-9682
홈페이지 | www.goraebook.com
이메일 | goraebook@naver.com

글 ⓒ 김윤정 2022 | 그림 ⓒ 이수영 2022

* 값은 뒤표지에 적혀 있습니다.
* 잘못 만든 책은 구입하신 서점에서 바꾸어 드립니다.
* 책의 내용과 그림은 저자나 출판사의 서면 동의 없이 마음대로 쓸 수 없습니다.

ISBN 979-11-89239-76-3 74690
　　　978-89-97165-49-0 74080(세트)

품명 : 도서 | 전화번호 : 031-955-9680 | 제조년월 : 2023년 9월
제조국명 : 대한민국 | 제조자명 : 고래가숨쉬는도서관
주소 : 경기도 파주시 회동길 329 2층 | 사용 연령 : 9세 이상
*KC마크는 이 제품이 공통안전기준에 적합하였음을 의미합니다.

올림픽, 어디까지 아니?

글쓴이 김윤정 | 그린이 이수영

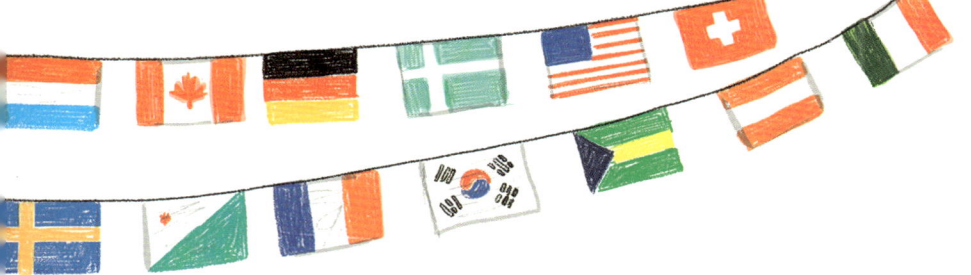

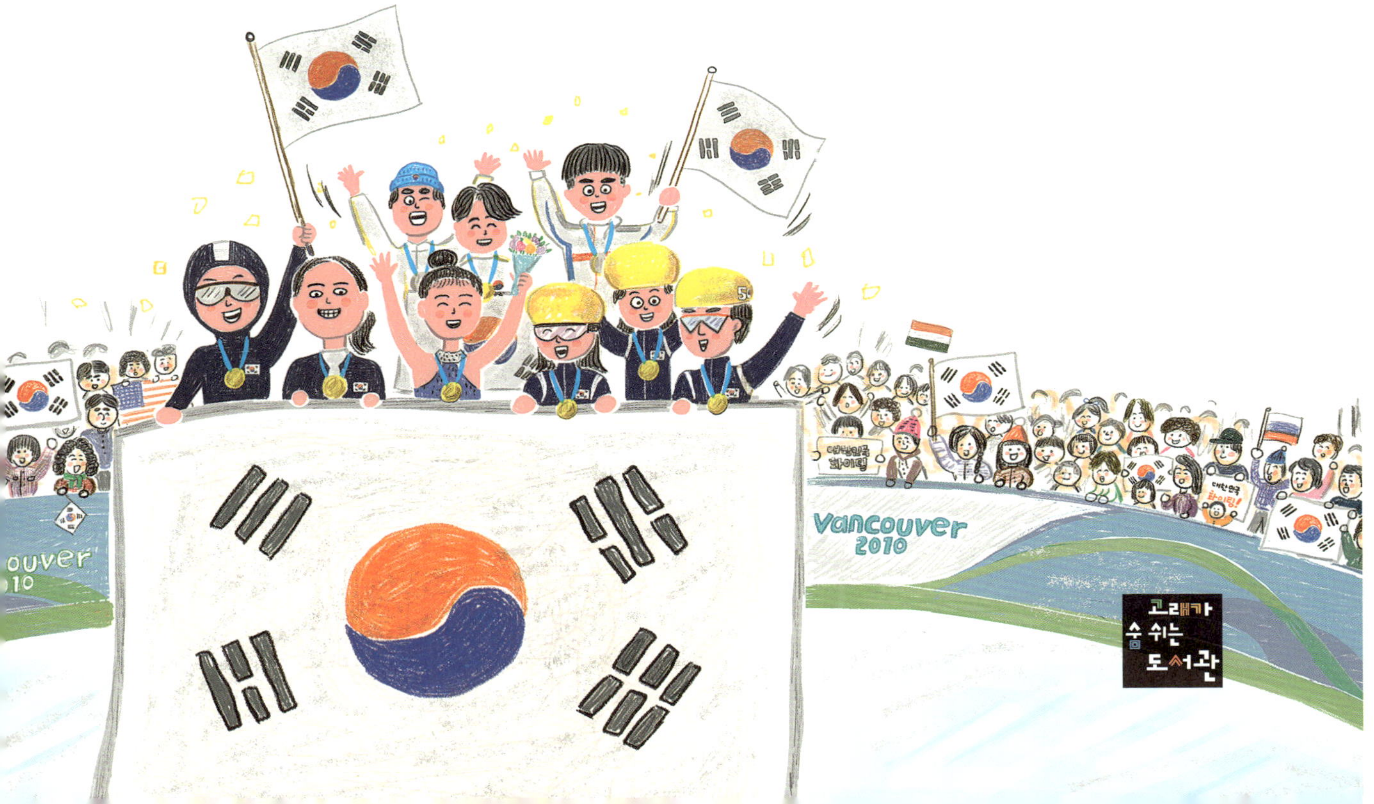

고래가 숨쉬는 도서관

# 차례

들어가는 이야기 - 올림픽 중계방송 보던 날 … 8

1. 이상한의 이야기 - 이제는 말할 수 있다 … 10

   올림픽이 4년에 한 번씩 열리는 이유 … 12

   고대 그리스의 올림픽 … 14

   이상한의 노트 고대 올림픽의 이상한 규칙들 … 19

   사라진 올림픽 … 20

   이상한의 노트 고대 올림픽 유적지를 찾아서 … 23

2. 강나라의 이야기 - 이대로 질 수는 없지   24

  다시 등장한 올림픽   26

  근대 올림픽의 첫 단추를 낀 쿠베르탱   29

  강나라의 노트 올림픽의 상징 오륜기   31

  첫 번째 올림픽 개최지의 영광   32

  아직은 부족했던 축제   36

  강나라의 노트 아테네 올림픽에 도전한 여자 마라토너   42

  전쟁과 얽힌 베를린 올림픽   43

  강나라의 노트 손기정 선수의 모습이 담긴 영상   51

3. 이상한의 이야기 - 카드를 뒤집어라   52

  첫 번째 카드 - 제15회 올림픽   56

  이상한의 노트 전쟁 이후에 시작된 패럴림픽   59

두 번째 카드 - 제20회 올림픽	60
이상한의 노트 최초의 올림픽 마스코트	62
세 번째 카드 - 제24회 올림픽	63
이상한의 노트 모스크바 올림픽 불참 사건	65
네 번째 카드 - 제25회 올림픽	70
이상한의 노트 마라톤의 기원	74

4. 강나라의 이야기 - 대결은 끝나지 않았어 76

   첫 번째 주사위 - 올림픽을 세 번이나 개최한 런던   82

   두 번째 주사위 - 아슬아슬했던 도쿄 올림픽   87

   세 번째 주사위 - 전통 사상을 접목한 베이징 올림픽   93

강나라의 노트 독특한 형태의 건축으로 주목받은 베이징 올림픽 주경기장   97

5. 이상한의 이야기 - 또 다른 게임을 시작해 주마   98

다시 던진 주사위 - 처음 열린 겨울 스포츠 대회   102

한 번 더 던진 주사위 - 캐나다에서 벌인 대한민국 축제   104

마지막으로 던진 주사위 - 대한민국에서 열린 두 번째 올림픽   107

6. 이상한과 강나라의 이야기 - 남은 이야기   114

올림픽 출전은 아마추어 선수만 할 수 있는 걸까?   117

국제 올림픽 위원회(IOC)는 무엇일까?   119

올림픽이 끝난 뒤에 경기장은 어떻게 될까?   121

멋진 올림픽을 부탁해!   125

하계 올림픽   128

동계 올림픽   133

들어가는 이야기

올림픽 중계방송 보던 날

드디어 올림픽이 시작되었어! 나는 올림픽이 열리기를 매일매일 손꼽아 기다렸어. 스포츠라면 자다가도 벌떡 일어나는 아빠 덕분에 나는 아주 어릴 적부터 올림픽 경기들을 빠짐없이 봤어. 경기를 볼 때마다 아빠와 함께 방정맞게 응원하는 재미도 있어서 너무나 기대됐어. 이번 올림픽 기간에는 내가 좋아하는 선수들이 나오는 경기를 꼭 찾아보겠다는 말을 입에 달고 있을 정도였으니까.

오늘은 친구와 축구 경기를 보기로 한 날이야. 대한민국과 영국의 경기가 열리는 날이거든. 치킨 닭다리를 양손에 들고 '대한민국!'을 외치며 신나게 응원을 하고 있었지.

같이 중계방송을 보기로 한 녀석의 이름은 '이상한'이야. 상한이는 학교에서 육상부인데, 상한이네 아빠는 올림픽 육상 경기를 너무나 좋아해서 상한이에게 육상부에 들어가라고 권유할 정도였대. 어릴 적부터 친하게 지낸 사이라 오늘도 자연스럽게 같이 중계방송을 보며 놀기로 했어. 근데 오늘따라 상한이가 이상한 말들만 중얼거리더라고.

"올림픽의 꽃은 달리기지. 내가 그리스에서 달리던 시절엔 말이야……."

난 닭다리를 뜯느라 그 녀석 말을 제대로 듣지 못했어. 닭다리를 뜯지 않았어도 못 들었을 거야. 방금 대한민국이 한 골을 넣었거든.

"골인! 골, 골이에요! 야호!"

난 오두방정을 떨며 신이 나 춤을 췄어. 깔깔 웃다 문득 올림픽이 왜 4년에 한 번만 하는지 궁금해졌지.

"야, 왜 올림픽은 4년에 한 번씩만 하냐? 이렇게 재미있는데."

"올림피아드 때문이잖아. 너 올림피아드 몰라?"

"뭐? 올림피아드?"

나는 그냥 가볍게 던진 질문이었는데 그 녀석의 답은 정말 놀라웠어.

"올림피아드가 돌아올 때마다 죽도록 달리느라 진짜 고생했었지. 사실 난 고대 그리스 달리기 선수였어. 강나라, 너 제우스 신전의 제물이 되어 본 적 있냐?"

이 어처구니없는 말을 듣고 있던 나는 조용히 먹던 닭다리를 내려놓았어.

"돌았나 보구나."

하지만 이상한은 내 말에 아랑곳하지 않고 자기가 겪은 일들을 술술 이야기하기 시작했어.

1. 이상한의 이야기 - 이제는 말할 수 있다

올림픽이 4년에 한 번씩 열리는 이유

고대 그리스의 올림픽

이상한의 노트 고대 올림픽의 이상한 규칙들

사라진 올림픽

이상한의 노트 고대 올림픽 유적지를 찾아서

올림픽이 4년에 한 번씩 열리는 이유

아까도 말했지만 사실 나는 고대 그리스 달리기 선수였어. 최초의 올림픽이 시작하던 그때부터 달렸지. 첫 올림픽에서 우승을 하고 제우스 신전의 제물이 되던 날, 제우스의 은총을 받은 건지 나는 늙지도 죽지도 않고 지금까지 계속 달리기를 할 수 있게 되었어.

왜 4년에 한 번씩 올림픽이 열리냐고 물어봤지? 그 질문에 내가 제대로 대답해 줄 수 있어. 그건 올림피아드 때문이야.

고대 그리스 시대에 엘리스라는 도시 국가가 있었어. 엘리스에는 제우스 신전이 있는 '올림피아'라는 곳이 있었고, 그 신전에서 제사를 지내는 시기가 되면 주변 도시 국가에서 사람들이 모여들었지. 그럴 때면 축제나 스포츠 행사도 함께 열었대.

제우스 신의 제전은 4년에 한 번씩 열렸는데, 고대 그리스 사람들은 그 기간을 한 주기로 보는 날짜 계산법을 가지고 있었어. 훗날 사람들은 제우스 제전과 고대 올림픽이 열리는 그 주기를 올림피아드라고 불렀지. 올림피아드 주기마다 올림피아에서 열리는 스포츠 행사, 그게 바로 '올림픽'의 시작이야.

여기까지 이야기하자, 강나라는 입만 벌린 채 멍하니 나를 쳐다봤어.

"이해한다. 왜 하필 육상부에 들어갔냐고 매일 물어보더니, 막상 내가 고대 그리스 때부터 달리기를 했다니 놀랍지? 네가 나에 대해 그리고 올림픽에 대해 궁금해하는 것 같으니까 내가 좀 더 이야기를 해 볼게. 잘 들어라."

1. 이상한의 이야기 - 이제는 말할 수 있다

강나라가 의아한 표정을 짓든 말든 나는 신이 나서 내가 아는 이야기를 쏟아내기 시작했어.

고대 그리스의 올림픽

이제 내가 달리기를 하던 고대 올림픽 이야기를 할 차례야. 아까 말했듯 올림픽은 엘리스라는 도시 국가에 있던 올림피아에서 열렸어. 엘리스는 그리스 남부에 있는 펠로폰네소스 반도에 있었어. 펠로폰네소스 반도는 지중해랑 바로 맞닿아 있는 곳이지. 지중해에서는 주변 도시 국가들 사이에서 전쟁이 끊이지 않았어. 그중에서 엘리스는 전쟁 중립 지역이었기 때문에 올림픽을 여는 게 가능했어.

여러 도시 국가가 지중해를 두고 다툰 이유는 지리적 특성 때문이야. 지중해는 유럽과 아프리카, 서아시아로 둘러싸여 있어. 그래서 지중해는 항상 역사의 무대에서 아주 중요한 자리를 차지했어. 지중해와 인접해 있던 나라들은 지중해를 이용해 모든 물자와 문화를 주고받았거든. 배만 띄우면 거리도 가까워 서로 왔다 갔다 하기 쉬웠으니까.

　지중해 인근 항구에는 늘 여러 나라의 배들이 정박해 있었지. 배 안에는 재물이 넘쳐나고 사람들은 활발하게 교류했어. 이곳을 차지하는 도시 국가는 금세 부자가 될 수 있었지. 그래서 그 자리를 서로 차지하기 위해 수없이 전쟁을 벌였던 거야.

　그런데 아무리 좋은 자리를 차지하기 위해서라지만 매일 전쟁만

하고 있을 순 없었어. 평화로운 시기가 있어야 무역도 하고 더 발전하니까. 물론 돈 때문만은 아니었어. 그때는 문화나 학문을 주고받는 일도 돈만큼이나 중요했거든. 문명은 돈으로만 이루어지는 게 아니니까. 그러려면 인접 국가랑 사이가 좋아야 하잖아. 전쟁이 없어 위험하지 않아야 학자들도, 장사꾼들도 서로 왕래할 수 있으니까.

사람들은 고민했어. 전쟁 걱정 없이 지내는 시기가 있으면 좋을 텐데 하고 말이야. 마침 오랜 전쟁에 모두 지쳐 있었어. 그럼 신에게 제사를 지내는 시기만이라도 전쟁을 하지 말자고 해 보자! 고대 그리스의 여러 도시 국가들은 제우스 제사 기간에 전쟁을 하지 말자고 제안해. 거기에 하나 덧붙여 생각했지. 아, 제사를 좀 성대하게 지내면 어떨까. 신에게 평화도 빌 겸 다 같이 모여서 운동회를 열자!

기원전 776년, 첫 올림픽이 열렸어. 이때 올림픽은 제우스 신전에서 제사를 지내고 나서 열린 조금 성대한 뒤풀이쯤으로 생각하면 좋을 거야. 사람들의 관심은 운동 경기보다 제를 올리는 데에 집중되어 있었거든.

경기 종목도 많진 않았어. 처음엔 달리기만 했지. 근데 막상 달리기 경주를 해 보니, 뛰는 사람도 보는 사람도 흥미진진하더랬지. 사람들은 점점 제우스 제전 뒤풀이에 관심이 더 많아졌어. 그러다 점차 멀리뛰기, 전차 경주, 판크라티온(격투기와 비슷한 경기 종목) 등이 추가되었어. 경기 종류가 하나씩 늘어나면서 사람들의 열기도 더 뜨거워졌지.

그 열기가 얼마나 뜨거웠냐고? 내가 바로 그대 올림픽에서 뛴 달리기 선수 아니냐. 그 시절 내가 달리는 모습을 보기 위해 그리스인 수만 명이 몰려들 정도로 인기가 많았다고. 사람들은 내가 우승을 차지해서 제우스의 은총을 받게 될지 무척 궁금해했어. 그리고 우승자에게만 주어지는 올리브 가지로 만든 올리브관을 머리에 얹을 수 있을지 기대했다고. 지금은 우승자에게 금메달을 주지만 그땐 올리브관이 우승자의 상징이었어.

무엇보다 그 경기에서 우승을 하면 큰 명예를 얻을 수 있었어. 우승자는 제우스 신전의 제물이 될 자격이 있다고 여길 정도였어. 진짜 산 사람을 제물로 바치는 게 아니라, 제우스 신전 쪽에 결승점을 두어 마치 제우스의 품으로 뛰어들 듯 달려갈 수 있었던 거지.

우승자에게는 엄청난 상금(평생 놀고먹을 만큼의 돈)과 혜택도 기다리고 있었어. 그리스에서 알아주는 고급 식당과 여관 이용권 등을 받을 수 있었다고. 그건 아주 부유한 사람들만 누릴 수 있는 특권이었어. 평생 세금도 면제받았지. 아, 우승자 시절이 너무너무 그립다.

 **이상한의 노트**

고대 올림픽의 이상한 규칙들

고대 올림픽을 묘사한 도자기 유물 등을 보면 옷을 입지 않고 경기를 하는 선수들을 볼 수 있다고 한다. 왜 옷을 벗고 경기를 했을까? 경기할 때 옷이 거추장스러워서 그랬다는 이야기부터 그리스인들이 맨몸을 아름답다고 생각했기 때문에 벗고 경기했다는 이야기까지 다양하다. 고대 올림픽에 참가할 수 있는 첫 번째 조건은 '그리스인 남자'였다고 한다. 관람할 수 있는 사람도 주로 남자였다. 단 결혼하지 않은 여자는 순결하다고 생각해 관람을 허용했고, 결혼한 여자가 올림픽을 관람하다 들키면 절벽에서 떨어뜨리는 무시무시한 벌을 받아야 했다.

사라진 올림픽

내가 우승자 시절이 그립다고 했던 말은 괜한 말이 아니야. 그 뒤로 오랫동안 올림픽이 사라져 경기에 나갈 수 없었거든.

고대 그리스의 도시 국가들은 전쟁을 거듭하다가 로마 제국의 지배를 받게 되었어. 그때부터 올림픽은 변하기 시작했어.

로마의 올림픽은 제우스 신 앞에서 평화를 약속하던 올림피아의 축제와는 조금 다른 모습이었어. 신전에 제사를 지내고 나서 여흥을 즐기던 그리스 시절과는 달리 스포츠 경기를 중심으로 한 올림픽으로 변화한 거야. 평화보단 경쟁이 중심에 놓이다 보니, 회를 거듭할수록 올림픽은 변질됐어. 급기야 엄청난 혜택을 거머쥘 수 있는 올림픽의 우승 자리를 두고 온갖 편법을 쓰기 시작했지. 심판에게 뇌물을 건네고, 서슴없이 반칙을 하고, 높은 사람들은 돈 받고 반칙을 눈감아 주는 일이 빈번해졌어. 점점 타락해 갔지.

그러다 4세기 무렵 로마 제국이 기독교를 받아들이면서 올림픽은 위기를 맞이했어.

기독교가 들어오자 고대 그리스의 신들을 신으로 인정하지 않게 되었어. 그래서 제우스 신전 앞에서 제사를 지내고 운동 경기를 하는 기존의 올림픽을 없애려고 했지. 올림픽뿐만 아니라 신전도 모두 없애고 그리스 신전에서 각 신을 모시는 사람들을 박해했어. 그렇게 올림픽은

역사의 무대에서 점차 사라져 갔어.

물론 모든 스포츠 경기가 사라진 건 아니야. 전차 경주, 레슬링, 원반던지기 등 인기 있는 종목들은 경기를 열었고 관중도 제법 많았어. 하지만 이 무렵 스포츠 경기는 운동 실력을 겨루는 대회가 아니라, 축제를 즐기기 위해 벌인 일종의 오락이었어. 전쟁의 승리를 기념하거나, 황제의 생일을 축하하거나 하는 자리에서 시민들의 흥을 돋우기 위해 스포츠 경기를 연 거야. 그래서 때로는 경기의 규칙보다는 관중의 흥미에 더 초점이 맞춰지는 경우도 많았어.

더욱이 로마 제국이 멸망하면서 올림픽은 이름마저 희미해져. 기록도 얼마 남지 않아 올림픽을 기억하는 사람들도 거의 없던 것 같아. 나 역시 그 뒤로 기억이 없는 것을 보면 어디에선가 잠들어 있던 게 아닐까. 제우스 신전이 훼손되면서 신전에서 받은 기운이 점점 희미해지는 것 같더라고. 그땐 나도 끝이라고 생각했는데 이렇게 다시 깨어난 걸 보니 제우스 신의 기운이 완전히 사라진 건 아니었나 봐. 그래도 세월이 흐르면서 나는 사람들의 기억에서 완전히 잊혀 갔어.

 이상한의 노트

고대 올림픽 유적지를 찾아서

그리스 남부에 있는 펠로폰네소스 반도의 올림피아에는 고대 유적이 남아 있다. 올림피아는 제우스 숭배의 중심지였기 때문에 신들을 위한 성역이 밀집되어 있었다. 그곳에는 신전과 더불어 인류 최초의 올림픽이 열리던 경기장이 아직도 남아 있다. 심판이 드나들던 문, 육상 경기가 열린 경기장, 4만 명 정도를 수용할 수 있는 관람석까지 확인할 수 있다. 고대 그리스부터 로마 제국 시대까지 여기서 경기를 진행했기 때문에, 로마 제국 시대로 넘어와 추가로 지어진 부분도 있다고 한다. 이곳의 모든 유적지는 세계 문화유산으로 지정되어 있다.

2. 강나라의 이야기 - 이대로 질 수는 없지

다시 등장한 올림픽

근대 올림픽의 첫 단추를 낀 쿠베르탱

강나라의 노트 올림픽의 상징 오륜기

첫 번째 올림픽 개최지의 영광

아직은 부족했던 축제

강나라의 노트 아테네 올림픽에 도전한 여자 마라토너

전쟁과 얽힌 베를린 올림픽

강나라의 노트 손기정 선수의 모습이 담긴 영상

다시 등장한 올림픽

중계방송을 보던 그날, 나는 이상한의 이야기를 듣고 너무나 충격을 받았어. 사실 지난번 월드컵 경기를 볼 때에는 내가 월드컵의 역사부터 선수들 약력까지 술술 읊었거든. 일부러 이상한 놀라게 해 주려고 좀 준비를 했지. 그때 그렇게 놀라더니 올림픽만 기다린 사람처럼 역사를 줄줄 쏟아 내네.

아무튼 그날 이상한은 멍한 표정을 짓고 있는 나를 두고, 이제 그만 숙제하러 가 보겠다며 우리 집을 나섰어. 혼자 남겨진 나는 가만히 생각을 정리해 보았어. 고대 그리스 올림픽 선수라는 둥 이상한 설정을 하는 바람에 황당해서 멍하게 있었지만, 다시 생각해 보니 이건 이상한이 나에게 던진 도전장이라는 생각이 들더라고. 책이나 인터넷 자료를 모아 미리 외워 두고서는 마법에 걸린 척 연기를 하며 헛소리를 하는 거라고 결론을 내렸어.

내가 누구야, 나 강나라야! 이렇게 당하고 그만둘 내가 아니지. 나도 단단히 준비해서 그 녀석 코를 납작하게 해 주기로 했어. 그날 이후로 정신없이 올림픽에 대한 정보를 모으기 시작했지. 이미 고대 올림픽 부분은 이상한이 선수를 쳤으니 나는 그다음 부분을 조사하기로 했어.

그리고 나도 이상한처럼 인물을 설정하고 연기를 하기로 했어. 그런 도전장을 받은 이상 나도 박자를 좀 맞춰야 하잖아? 나는 어떤 인물을 정할지 고민했어. 그래, 나는 근대 올림픽이 시작된 그 시점에 살았다고 하자. 이상한은 로마 제국 이후의 기억이 없다고 했잖아? 내가 그 부분을 차지하면 되겠구나! 운동선수는 이상한이 이미 써먹었고, 나는 좀 더 근사해 보이는 인물로 찾아야지.

조사를 하다 보니, 근대 올림픽은 프랑스 파리에 사는 사람에 의해 처음 시작됐다는 말이 나왔어. 이름은, 쿠, 쿠베르탱! 그래, 나는 쿠베르탱(이라고 하면 금방 들키니까) 친구라고 하자! 그 무렵부터 나는 근대 올림픽에 관련된 이야기를 뭐든 읽기 시작했어. 그러다 놀라운 것들을 알게 되었지. 고대에 명맥이 끊겼다 다시 시작한 올림픽은 처음부터 지금처럼 인기 있지는 않았다는 거야! 더욱 호기심이 생겨 열심히 정보를 찾고 또 찾았어.

어느 정도 정리가 된 뒤에는 재빨리 이상한을 찾아갔어(내가 외운 걸 잊어버리기 전에!). 이상한은 역시 나를 보자마자 헛소리를 시작했지. 뭐라더라, 고대 그리스 시절부터 반짝반짝 빛나던 달리기 실력을 보러 왔냐고 했던가. 나는 이상한 말은 듣는 둥 마는 둥 하고 서둘러 준비한 말부터 내뱉었어.

"자네가 먼저 속 시원하게 고백을 하니, 나도 솔직하게 말할 게 있네. 사실 난 쿠베르탱 남작의 절친이야. 나도 자네처럼 마법에 걸려 1800년대부터 지금까지 살아 있었다네. 나 역시 너무나 유명

한 사람이지만 자네는 그 시대에 잠들어 있었으니 잘 모를 것 같구 먼. 내가 알려 주지. 쿠베르탱은 사람들이 '근대 올림픽의 아버지' 라고 부르는 사람이라네. 바로 옆에서 올림픽을 다시 열도록 도운 사람이 나고."

녀석의 입이 벌어지다 못해 턱이 툭 떨어지더군. 내 반격을 예상 하지 못한 걸까? 너무 신이 나 입꼬리가 실룩거리는 걸 참느라 애 좀 썼지.

근대 올림픽의 첫 단추를 낀 쿠베르탱

쿠베르탱이 올림픽을 다시 열겠다고 한 시기는 이상한, 자네가 무려 1500년 넘게 잠들어 있었을 때쯤이야. 나는 1890년대 그 시절 쿠베르탱이 무척이나 분주하게 움직이던 걸 잊지 못해. 쿠베르 탱은 본래 청소년 체육 교육에 관심이 많았다네. 쿠베르탱은 유학 을 하며 청소년 체육 교육에 앞장서고 있는 영국과 미국의 모습에 자극을 받았어.

나에게 더 강한 프랑스를 만들기 위해서 학교에서 체육 교육을

적극적으로 해야 한다고 주장하곤 했었지. 체육 교육이 국력으로 이어진다고 말이야. 하지만 당시에 그의 주장을 받아들이는 사람은 거의 없었어.

그러던 어느 날, 쿠베르탱은 고대 그리스 유적 기록을 살펴보다 그리스에서 올림픽을 열었다는 사실을 알게 되었어. 아, 이거다! 쿠베르탱은 고대 그리스 올림픽을 모델로 삼아 전 세계 체육인들이 한 장소에서 스포츠를 겨루는 대회를 구상하고 제안했어. 나는 바로 쿠베르탱이 구상한 대회를 홍보할 준비를 시작했지.

일단 이 제안에 동의하고 함께 행동할 사람을 모아야 했어. 쿠베르탱은 파리 소르본 대학에서 사람들을 모아 놓고 올림픽을 열자고 설득했지. 그러나 결과는 대실패. 사람들은 왜 굳이 전 세계 사람들이 모여 운동 경기를 해야 하는지 이해하지 못했지.

쿠베르탱은 포기하지 않았어. 2년 뒤에 계획을 좀 더 다듬어서 발표했지. 스포츠 경기뿐만 아니라 합창 공연, 불꽃놀이 등 화려한 개막 축제도 열자고 제안했지. 그냥 스포츠 경기가 아니라 축제라는 걸 강조했어. 그제야 사람들이 관심을 보이기 시작하더라고. 아마도 그냥 운동 경기만 하는 건 재미있어 보이지 않았던 모양이야. 그렇게 어려운 설득의 과정을 거쳐 국제 올림픽 위원회(IOC, International Olympic Committee)를 구성할 수 있었어.

 강나라의 노트

올림픽의 상징 오륜기

오륜기는 1913년 쿠베르탱 남작이 제안하여 만든 것으로, 1920년 벨기에 안트베르펜 올림픽 때부터 게양되었다. 흰 바탕에 청색, 황색, 흑색, 녹색, 적색의 고리 다섯 개를 겹쳐 놓아, 세계를 뜻하는 영어 단어 'World'의 첫 글자 W를 형상화한 것이라고 한다. 각 고리는 다섯 개의 대륙(아시아, 유럽, 아프리카, 오세아니아, 아메리카)을 나타냈다. 오륜기는 세계의 평화와 협력을 뜻하는 올림픽의 상징이다.

© lazyllama/Shutterstock.com

첫 번째 올림픽 개최지의 영광

올림픽을 개최하는 일은 생각보다 복잡했어. 이 큰 대회를 어떻게 조직해야 할지에 관해 각각의 생각이 모두 달랐기 때문이야. 올림픽을 합리적으로 운영하기까지 여러 번의 실패를 겪어야 했지.

그러니 첫 올림픽 개최지를 정하며 한바탕 난리가 난 건 어쩌면 당연한 일이었는지도 몰라. 잡음을 일으킨 상대는 그리스였어. 그리스는 올림픽을 다시 연다는 소식에 첫 개최지로 그리스가 적절하다고 주장했어. 물론 인류 최초의 올림픽이 그리스에서 열린 건 맞지. 하지만 쿠베르탱이 이렇게 열성을 다해 준비했을 때에는 당연히 고국인 프랑스에서 첫 올림픽을 열겠다고 결심하지 않았겠어? 쿠베르탱은 고집불통 그리스 때문에 골머리를 앓았어.

결국 첫 올림픽 개최지를 두고 그리스와 프랑스가 다투기 시작했어. 옆에서 보는 내가 다 답답할 지경이었지. 그리스는 첫 개최지를 양보할 생각이 전혀 없었거든. 쿠베르탱은 기가 막혔어. 이 대회를 구상하고 준비한 사람이 누군데 그리스가 중간에 끼어드는 거냐며 불편한 심기를 내보이기도 했지.

그렇다고 그리스의 의견을 완전히 무시할 순 없었어. 왜냐하면 고대 올림픽을 부활시킨다는 콘셉트와 딱 맞는 나라가 그리스이긴 했으니까. 게다가 올림픽이 다시 열린다는 소식에 그리스는 한껏 분위기가 달아올랐지만 프랑스 파리의 분위기는 덤덤했거든. 그리스 황태자가 올림픽 후원을 약속한 것도 쿠베르탱의 마음을 더욱 복잡하게 했지.

결국 쿠베르탱은 고국에 첫 올림픽의 영광을 안기겠다는 큰 꿈을 접고 첫 올림픽 개최지를 그리스 아테네에 양보했어. 대신 우린 두 번째 올림픽을 파리에서 열 수 있도록 준비를 하고 있었지. 통 크게 IOC 초대 위원장 자리도 그리스인 디미트리오스 비켈라스에게 넘겼어. 그래서일까. 그리스 황태자는 그 이후에도 올림픽에 적극적인 지원을 이어 갔어.

그럼 그리스 아테네에서 열린 첫 번째 올림픽은 성공적이었을까? 올림픽이 열리던 1896년 당시 그리스는 경제적으로 형편이 그리 좋지 않았어. 튀르키예의 지배를 받다가 독립한 지 얼마 되지 않았기 때문에 사회가 무척이나 혼란스러웠거든. 그리스 정부 입장에서는 그래서 더욱 올림픽이 필요했는지도 몰라. 국민들의 마음을 하나로 뭉치게 하는 데에 국제 행사가 큰 역할을 하니까. 그렇지만 나라에 돈이 없는 상태여서 자칫 대회를 열지 못하는 상황까지 갈 수도 있었어.

그리스는 어떻게든 올림픽을 열고 싶었어. 첫 올림픽이라는 타이틀을 놓치고 싶지 않았던 거야. 이미 국민들의 관심은 최고조에 이르렀어. 그리스 정부는 이리저리 올림픽을 홍보해서 기부금까지 받아 간신히 대회를 열 수 있었지.

그리스인들은 1회 올림픽을 끝까지 마무리했다는 자부심이 대단했어. 이제 막 식민지에서 벗어난 어려운 상황에서도 기부금까지 받아 올림픽을 열었고, 올림픽의 시작점이라는 자존심도 지켰잖아. 그리고 올림픽 기간 내내 아테네 어디서나 사람들이 올림픽을 외칠 정도로 열광적이었어. 그리스로서는 굉장히 성공적인 축제가 된 셈이야.

하지만 쿠베르탱의 생각은 달랐어. 아테네 올림픽은 그가 구상한 올림픽과는 조금 달랐지. 내가 쿠베르탱과 함께 조사해 보니, 아테네 올림픽에 참가한 국가는 열세 국가에 그쳤고, 그중에 아시아와 아프리카 대륙에 있는 국가는 포함되어 있지도 않았어. 관중도 열명 중 7명은 그리스인이었기 때문에 전 세계의 축제라고 부르기엔 부족했지. 그러니 전 세계의 관심을 끌어내기 위해서는 앞으로 개최지를 선정할 때 공정하게 기회를 주는 게 가장 중요하다는 데에 의견을 모았어.

여기서 의외의 복병이 등장하지. 바로 그리스 정부였어. 그리스는 올림픽의 본고장이 그리스이기 때문에 앞으로도 쭉 그리스에서만 올림픽을 열어야 한다고 주장했어. 당연히 우리는 그 의견에 적극 반대하며 2회 올림픽은 파리에서 열기 위해 최선을 다했고. 그

리스 정부는 심통이 났는지 자기들만의 올림픽을 따로 개최하겠다고 했지만 국제적으로 호응을 얻지 못하고 첫 회 만에 사라지고 말았지.

이렇게 어렵게 준비한 파리 올림픽은 어땠냐고? 우린 또 다른 시련과 마주해야 했어. 쿠베르탱 옆자리가 이렇게 피곤한 자리일지 그땐 몰랐지.

아직은 부족했던 축제

1900년, 드디어 프랑스 파리에서 제2회 올림픽이 개최됐어. 쿠베르탱은 아테네 올림픽에서 아쉬웠던 점을 파리 올림픽에서 채우고 싶었을 거야. 가장 첫 번째로 할 일은, 올림픽에 대해 더 널리 알리는 일이었어. 그때 쿠베르탱의 머릿속에 또 다른 국제 행사가 떠올랐지. 바로 만국 박람회야.

만국 박람회가 뭐냐면, 세계 여러 나라의 기업들이 모여 새로운 상품을 만들어 전시하는 행사야. 요즘 우리한테는 엑스포(Expo)라는 이름이 더 익숙해. 당시 박람회는 올림픽과 달리 확실하게 자리

잡은 국제 행사였어. 지금이야 새로운 상품이나 기술을 소개하는 설명회가 실시간으로 전 세계에 중계될 수 있지만, 그때는 먼 곳에 있는 사람들이 자기네 상품과 기술을 소개하려면 박람회에 참여해야만 했어.

문화와 기술이 오고 가는 전 세계인의 축제, 쿠베르탱은 박람회를 올림픽 홍보에 이용하고 싶어 했어. 때마침 올림픽을 개최하는 그해에 파리에서 박람회가 열릴 예정이었지. 일부러 사람을 모으지 않아도 어차피 박람회 때문에 사람들이 모여드니 얼마나 좋은 기회야. 그럼 아예 박람회 동안 올림픽을 치르자! 박람회를 보러 파리를 찾은 다른 나라 사람들이 올림픽까지 관람하고 고국으로 돌아가면 자연스럽게 올림픽이 홍보될 테니 꿩 먹고 알 먹는 상황이라고 계산한 거지.

하지만 이건 쿠베르탱의 큰 실수였어. 기대와는 달리 사람들은 올림픽에 큰 관심을 두지 않았어. 오히려 올림픽은 박람회에 밀려 더욱 소외되었지. 게다가 한 도시에서 두 가지 국제 행사가 열리니 도시 전체가 복잡하기 짝이 없었어. 사람들은 이게 올림픽인지 박람회인지 구분조차 하지 못했지. 이렇게 우왕좌왕하기만 한 게 진짜 올림픽이라고? 파리 올림픽에 기대가 컸던 일부 사람들은 올림픽 자체에 실망하고 말았어.

　만국 박람회를 끼고 올림픽을 연 건 제3회 미국 세인트루이스 올림픽에서도 마찬가지였어. 왜 똑같은 실수를 반복했는지 모르겠지만, 이 때문에 3회 올림픽 역시 만국 박람회의 곁다리 행사밖에 되지 못했어.

　게다가 세인트루이스 올림픽은 반쪽짜리 올림픽에 불과했어. 이때까지만 해도 흑인이나 원주민은 올림픽에 출전할 수 없다는 규정

이 있었어. 거의 백인들의 잔치였지. 그래서 미국 체육회는 '인류학의 날'을 이틀 동안 시행하면서 인디언과 같은 유색 인종을 모아 놓고 따로 경기를 진행했어. 진흙탕 싸움, 장대 오르기 등 각종 경기를 통해 어떤 인종이 강한지 테스트를 했다고 해. 이것 또한 인종 차별의 다른 모습이었지.

이건 미국에서만 벌어지던 일은 아니었어. 파리 박람회에서도, 런던 박람회에서도 벌어졌지. 이런 어처구니없는 행사를 한 건, 제국들이 식민지 지배가 정당하다고 주장하기 위해서였어. 정말 부끄러운 일이지 뭐야. 물론 인종을 구분해 전시하는 행위는 차차 없어졌지만, 인종에 대한 잘못된 인식이 완전히 사라진 건 아주 오랜 시간이 흐른 뒤야.

그래도 1912년 스웨덴에서 열린 제5회 스톡홀름 올림픽에서 개선된 점도 있었어. 여성을 차별했던 규칙이 조금씩 바뀌기 시작한 거야. 이때부터 여자 수영과 여자 다이빙 종목을 처음으로 도입했거든.

제1회 아테네 올림픽에서 여자는 아예 올림픽에 참가할 수 있는 자격조차 없었고, 제2회 파리 올림픽부터는 골프와 테니스에 여자 선수들이 참여했지만 육상 종목에는 참가할 수 없었어. 그러니 수영과 다이빙 종목에 여자 선수들이 참가할 수 있게 된 건 큰 화제가 되었어.

대신 수영장 밖에서는 반드시 가운을 착용해야 한다는 규정이 있을 정도로 제한이 많았어. 그때까지만 해도 여자는 체육과 거리가 먼 존재이고, 몸을 드러내는 운동을 하는 건 부적절하다고 생각했기 때문이야. 체육은 남자들만의 활동이라는 생각이 뿌리 깊던 시절이니 말 다했지.

'인류의 화합과 평화'를 내세우는 올림픽에서 어떻게 차별이 존재할 수 있냐고?

당시에는 계급과 성별, 인종에 대한 차별이 너무나 당연했던 시절이었어. 강한 나라가 아시아나 아프리카에 있는 약한 나라를 식민지로 삼던 시대였고, 성평등 의식이 이제 막 싹트려고 하는 시기였으니 차별을 당연히 여기는 사람이 많았어. 그러니 올림픽에서도 예외는 아니었던 거야. 그들이 말하는 평등과 평화는 아주 좁고 잘못된 시각에서 시작된 이야기였지.

 강나라의 노트

아테네 올림픽에 도전한 여자 마라토너

제1회 아테네 올림픽 때 여자 선수들은 올림픽 참가 자격을 얻지 못했다. 하지만 금기에 도전한 여자 마라톤 선수가 있었다.

그 주인공은 스타마타 레비티. 레비티는 규정 때문에 공식 마라톤 경기에는 참가할 수 없었고, 남자 선수들의 공식 마라톤 경기가 끝난 다음 날 마라톤 코스에 맞춰 뛰었다. 레비티는 마라톤 끝에 경기장에 들어가 레이스를 마무리하려고 했지만 '여자가 경기장에 들어가 뛸 수는 없다.'는 IOC의 반대 때문에 경기장 밖을 돌았다고 한다. 레비티가 완주한 시간은 5시간 30분. 비록 비공식 기록이지만 첫 올림픽에서 첫 번째 여자 마라토너가 이루어 낸 귀중한 기록이 되었다.

전쟁과 얽힌 베를린 올림픽

1900년대에 들어서면서 소위 강대국이라고 불리는 나라끼리 힘겨루기를 벌이느라 전 세계는 몸살을 앓고 있었어. 힘겨루기의 배경에는 물론 '돈'이 있었지. 온갖 방법으로 나라의 힘을 키우고 돈을 벌기 위해 혈안이 되어 있던 거야.

온갖 방법 중 대표적인 방법은 바로 식민지 정책이었어. 군사, 경제적으로 약한 나라를 식민지로 만들어 착취하는 거야. 그러려면 전쟁을 해야 했지. 전 세계는 크고 작은 전쟁으로 몸살을 앓았고 올림픽 역시 영향을 받을 수밖에 없었어.

쿠베르탱은 고심했어. 전 세계의 분위기를 보니 올림픽을 할 분위기가 아니란 말이지. 어디서 전쟁이 터질지 모를 때이니 올림픽에 신경 쓸 여력이 있는 나라는 없어 보였어. 오랜 전쟁으로 예산이 바닥 난 나라도 많았고, 전 세계인이 올림픽보다는 생존을 위해 싸워야 하는 절망적인 시기였거든.

마침 IOC는 1916년에 열릴 여섯 번째 올림픽 개최지 선정을 앞두고 있었어. 그리고 다행히도 여섯 번째 올림픽 개최를 희망하는 나라가 있었지. 아프리카에 있는 이집트가 손을 번쩍 들며 나섰거든. 하지만 IOC는 후보 중에 독일 베를린의 손을 들어 주었어. 적극적이던 이집트를 놔두고 왜 독일을 선택했던 걸까?

이유는 전쟁 때문이야. 독일은 언제든지 전쟁을 일으킬 준비가 되어 있는 나라였어. 독일뿐만이 아니었지. 유럽 전체가 언제 어디서 터질지 모르는 화약고 같았거든. IOC의 생각은 이랬어. 전쟁을 일으킬 만한 나라에 올림픽을 개최할 수 있는 기회를 줘서 이번 기회에 유럽의 분위기를 바꾸어 보는 건 어떨까, IOC가 전쟁을 막을 순 없지만 올림픽이 평화 분위기 조성에 조금이나마 도움이 될 수 있지 않을까 기대했지.

하지만 결국 전쟁을 피해 갈 순 없었어. 사라예보를 방문한 오스트리아 황태자 부부가 암살되는 사건이 벌어지면서 오스트리아는 재빨리 독일과 손을 잡고 전쟁을 선포했어. 이에 영국과 프랑스, 러시아 제국 등이 연합해 오스트리아와 독일에 맞서자 유럽 전체가 전쟁터가 되고 말아. 제1차 세계 대전이 시작된 거야. 상황이 이러니 당연히 올림픽은 열릴 수 없었어. 그래서 IOC 규정상 제6회 베를린 올림픽은 이름만 올린 채 취소되고 말았어.

전쟁으로 유럽 곳곳이 폐허로 변했고 전 세계 경제가 흔들리고 있었어. IOC 역시 변화가 필요했어. 그동안은 IOC 본부를 개최지에 맞춰 이동했는데 한 차례 올림픽이 무산되면서 발붙일 곳이 없어지기도 했고, 조직을 안정적으로 운영하기 위해 제대로 된 장소를 물색해야 하는 시기도 온 거야.

쿠베르탱은 제1차 세계 대전에서 중립국이었던 스위스로 거처를 옮겼어. 스위스는 올림픽을 차근히 준비할 수 있는 안정적인 곳이라고 판단했지. IOC는 전쟁에 중립이어야 했으니 제격이었어. 그때부터 지금까지 IOC 본부는 쭉 스위스 로잔에 있어. 쿠베르탱 역시 생을 마감할 때까지 스위스에서 올림픽을 위한 일들을 계속해 나갔지.

나는 IOC가 스위스에 자리를 잡은 게 운명처럼 느껴졌어. 고대 그리스 시대, 전쟁으로 살벌했던 지중해 전역에서 중립 도시였던 '엘리스'를 올림픽 장소로 선정했던 것처럼 세계 대전 중립국인 스위스를 IOC 본부가 있을 곳으로 정했으니 말이야.

전쟁은 전 세계의 정치적 흐름과 경제, 사회, 문화까지 모든 것을 바꾸어 놓았어. 올림픽도 이전과는 달라질 수밖에 없었어. 전쟁

이 끝난 뒤에 가까스로 올림픽을 다시 개최했지만 국제 관계에 따라 참가국이 들쭉날쭉해지고 정치적 입장 차가 보이면 참가국끼리 극도로 예민해졌어.

1920년에 개최한 벨기에 안트베르펜 올림픽에는 제1차 세계 대전에서 패전한 독일은 참가할 수 없었어. 독일뿐만 아니라 독일 편을 든 불가리아, 헝가리, 튀르키예 역시 참가할 수 없었지. 왜냐하면 영국과 프랑스 등 승리한 연합국 쪽에서 반대했기 때문이야. 패전한 나라가 무슨 올림픽에 참가하려고 하냐며 자격을 박탈해 버렸지. 국제 여론에 따라 올림픽의 기준이 움직이기 시작한 거야.

전쟁은 끝났지만 국제 사회 분위기는 좀처럼 나아지지 않았어. 세계 경제는 무척이나 불안정했고, 자본주의와 사회주의로 나뉘어 싸우느라 국제 정세도 매우 혼란스러웠어. 1930년대로 접어들면서 전 세계는 다시 전쟁이 일어날 기미로 꿈틀거렸어. 유럽뿐만 아니라 아프리카와 아시아 곳곳에서도 크고 작은 전쟁이 일어나고 있었지. 이미 제1차 세계 대전을 겪은 사람들은 불안해했어.

그러던 중, 1936년에 독일 베를린은 다시 한 번 올림픽 개최지가 돼. 베를린에서 올림픽이 열리던 그해는 히틀러와 나치당이 독일과 전 세계를 집어삼키려고 하던 때야.

히틀러는 독일의 강력한 국력과 나치 정당을 홍보하는 수단으로 올림픽을 이용했어. 베를린 올림픽은 올림픽 최초로 성화 봉송 릴레이를 한 올림픽이야. 성화봉을 들고 달리는 행사 말이야. 히틀러와 나치당은 성화 봉송 과정을 나치를 홍보하는 내용으로 진행해. 개막식 때도 독일 선수들과 관중들이 히틀러를 향해 나치식 경례를 하며 압도적인 분위기를 연출하지.

그리고 이 과정은 모두 텔레비전으로 중계돼. 올림픽 최초의 텔레비전 중계였지. 전 세계는 경악을 금치 못했어. 게르만족이 세계 최고라는 사상을 내세워 유대인을 혐오 대상으로 만들며 학살하고, 유럽을 공포 분위기로 몰아넣은 나치 사상을 전 세계 텔레비전으로 중계하게 된 거니까. 그것도 평화의 상징이라고 하는 올림픽에서 말이야.

결국 독일은 제2차 세계 대전을 일으키고 말았어. 올림픽은 다시 중단되었지. 1940년 예정됐던 도쿄 올림픽은 일본이 중국을 침략하는 중일 전쟁이 벌어지는 바람에 개최권을 반납 받았고, 어렵게 핀란드 헬싱키로 개최지를 옮겼지만 세계 대전 상황이 무척 심각했

기 때문에 끝내 올림픽은 열리지 못했어. 4년 뒤에는 개최지가 런던으로 지정되었지만 그때까지도 전쟁은 끝나지 않아 올림픽은 취소되고 말았어.

두 번의 올림픽이 취소될 만큼 제2차 세계 대전은 길고 참혹했어. 큰 전쟁을 두 번이나 겪은 전 세계 사람들은 그 어느 때보다 평화를 간절하게 바랐어. 너무 많은 사람이 죽고 다쳤으며 전 세계 경제를 파탄에 이르게 한 지옥 같은 시간이었으니까. 이럴 때 평화를 주제로 하는 올림픽의 자리가 더 중요해졌을 거야.

큰 전쟁을 겪고 깨달은 바가 많으니 이제 올림픽은 순수한 축제의 장이 될 수 있었을까? 아쉽게도 그 뒤로도 전 세계는 자본주의와 사회주의로 나뉘어 긴 시간 동안 신경전을 벌여. 이 기간을 '냉전 체제' 시기라고 해. 총알과 대포를 주고받진 않았지만 조용한 이념 전쟁이 시작된 거지. 세계가 요동치는 만큼 올림픽도 함께 요동쳤어.

 강나라의 노트

손기정 선수의 모습이 담긴 영상

　1936년 베를린 올림픽 당시 히틀러의 요청에 따라 독일의 영화배우이자 영화감독인 레니 리펜슈탈은 베를린 올림픽 현장을 담은 3시간 30분짜리 다큐멘터리 영화 <올림피아>를 찍는다. 물론 나치를 홍보하기 위해 찍은 영상이지만 그 안에 담긴 영상 중 우리에게 무척 의미 있는 부분이 있다. 바로 일본 국기를 달고 뛰었던 마라토너 손기정 선수의 모습이다.

　식민지 국민이었기에 마라톤에서 우승을 하는 영광을 안고도 웃지 못한 손기정 선수의 사연은 감독 리펜슈탈의 마음을 움직였다고 한다. 다큐멘터리에서 10분에 해당하는 분량이 담긴 손기정 선수의 영상은 지금도 매우 귀한 자료로 남아 있다.

3. 이상한의 이야기 - 카드를 뒤집어라

첫 번째 카드 - 제15회 올림픽

이상한의 노트 전쟁 이후에 시작된 패럴림픽

두 번째 카드 - 제20회 올림픽

이상한의 노트 최초의 올림픽 마스코트

세 번째 카드 - 제24회 올림픽

이상한의 노트 모스크바 올림픽 불참 사건

네 번째 카드 - 제25회 올림픽

이상한의 노트 마라톤의 기원

"수고가 많았네."

나는 내가 할 수 있는 가장 좋은 말로 강나라를 칭찬했어. 나한테 지기 싫어서 저렇게 몇 날 며칠 준비했다고 생각하니 귀엽기도 했지. 조금 지루해도 안 들어 줄 수가 없었다니까. 하지만 저 말에 강나라는 기분이 나빴는지 펄펄 뛰었지.

사실 나는 지난 월드컵 때 강나라한테 당한 게 억울해서 이번 올림픽을 목표로 자료를 모으고 준비를 한 거야. 이 기회에 코 좀 납작하게 해 줄 생각이었다고. 그러니까 고대 그리스 시절 달리기 선수라는 건 순 뻥이라는 거야(강나라 미안)! 그렇지만 대결을 준비하다 보니 올림픽 이야기에 흥미가 생긴 건 사실이야. 강나라한테 이 이야기들을 들려주고 싶었던 마음만큼은 진심이라고. 강나라도 나만큼 올림픽에 진심인 것 같았으니까.

강나라는 승부욕이 강한 녀석이라 내 얘기를 듣고 가만히 있지 않을 거라고 생각했어. 역시 짧은 시간 안에 준비를 많이 해서 온 거 있지. 그래서 나는 비장의 카드를 꺼낼 수밖에 없었어. 어떻게 준비한 작전인데 이대로 물러날 수는 없잖아?

며칠 뒤 나는 강나라를 다시 만났어. 그리고 준비한 카드를 쓱

꺼내 보였어. 총 서른두 장의 카드였지. 카드 앞면에는 몇 회 올림픽인지와 함께 개최 장소, 개최 기간이 적혀 있었어.

나는 자신 있게 카드를 뒤집어 내밀면서 말했어.

"자네가 올림픽에 대해 좀 아는 것 같아 나도 준비했다네. 뭐, 가볍게 올림픽에 관한 이야기를 나눌 수 있는 게임이라고나 할까. 여기 있는 카드를 뒤집어 보게. 그 카드 앞면에 나오는 올림픽이 몇 회인지 불러 주면 내가 언제 어디서 개최한 올림픽인지 맞춰 주지."

강나라는 코웃음을 치며 카드를 뽑았어.

"그래? 숫자만 듣고 어떤 올림픽인지 맞추겠다는 건가? 자, 첫 번째 카드 뒤집는다. 15회! 15회 올림픽은 어디 올림픽이야? 그 올림픽에 관련된 내용까지 말해야 인정할 거야."

강나라는 눈을 번뜩이며 나를 노려보았어.

나는 큼큼 목을 가다듬고 이야기를 시작했어.

첫 번째 카드 - 제15회 올림픽

제15회 올림픽은 1952년 핀란드에서 열린 헬싱키 올림픽이야. 1952년은 제2차 세계 대전이 끝난 지 얼마 되지 않은 시점이야. 제2차 세계 대전 패전국인 핀란드에서 열리는 올림픽은 어떤 의미였을까. 사람들은 헬싱키

올림픽을 전쟁의 그늘에서 벗어나는 첫 번째 올림픽이라 생각했을지도 몰라.

　전쟁은 끝났지만 국제 정세는 쉽게 안정되지 않았어. 세계가 자본주의와 사회주의로 나뉘어 대립하고 있었기 때문이야. 올림픽도 예외는 아니었어. 이념이 다른 국가끼리 스포츠를 놓고 겨루면서 자신의 국가가 더 우월하다는 걸 내세우고 싶어 했어. 그 중심에 미국과 소련(지금의 러시아)이 있었지. 메달과 순위에 집착하며 국가와 국가가 겨루는 형태가 된 거야.

　올림픽 사상 처음으로 이념에 따라 선수들을 갈라

놓는 상황까지 생겨났어. 자본주의 국가 선수들과 사회주의 국가 선수들이 선수촌을 나누어 쓴 거야. 분단된 나라의 경우에는 더 복잡했지. 예를 들어 독일은 전쟁에서 패하면서 동독과 서독으로 나뉘었는데, 헬싱키 올림픽에 각각 단일팀으로 승인을 받아 참가하고 싶어 했어. 결국 동독은 큰 관심을 보이지 않아 흐지부지해졌고 서독만 단독으로 올림픽에 참가했어.

또 다른 분단 국가인 대한민국은 어땠을까? 헬싱키 올림픽이 열렸던 1952년은 6·25 전쟁이 한창이던 시기야. 우리나라는 그전부터 남과 북으로 갈라져 나라가 무척 혼란스러웠기 때문에 사실 올림픽 참가 자체가 어려울 때였지. 그래도 대한민국은 선수들을 모아 올림픽에 참가했어. 육상, 복싱, 사이클, 레슬링, 승마 종목에 출전했고 전 세계 사람들의 응원을 받았어. 핀란드 대통령이 대한민국 선수들에게 최고체육문화상을 수여하며 감사 인사를 전했다고 해.

 이상한의 노트

전쟁 이후에 시작된 패럴림픽

패럴림픽은 올림픽 개최국에서 여는 국제 장애인 체육 대회다. 올림픽 폐막 이후 보름 안에 개최하는 게 원칙이고 약 열흘 동안 대회를 진행한다. 패럴림픽은 세계 대전 이후에 만들어진 대회다. 전쟁 이후 영국 스토크 맨더빌 병원의 의사인 구트만이 부상으로 휠체어를 탄 군인들의 재활 치료를 목적으로 시작했다.

패럴림픽은 1948년에 시작해서 1976년부터 참가국이 40개 국으로 늘어났고, 다리가 불편한 사람들뿐 아니라 다른 장애를 가진 사람들도 참가하면서 종목도 늘었다. 패럴림픽 종목에는 축구, 사이클, 수영, 양궁, 탁구, 휠체어 농구 등 우리에게 익숙한 종목도 있고 골볼처럼 패럴림픽만의 종목도 있다.

골볼은 시각 장애를 가진 사람들만 참여할 수 있는 운동인데, 안에 방울이 들어 있는 공을 소리만 듣고 상대 팀 골대 안에 넣는 경기다.

신체적 한계를 넘어 도전을 멈추지 않는 선수들의 경기는 매 올림픽마다 감동을 전하고 있다.

두 번째 카드 - 제20회 올림픽

강나라가 두 번째로 뽑은 카드는 제20회 올림픽 카드였어. 나는 강나라가 질문할 틈을 주지 않고 준비한 내용을 읊기 시작했어. 틈을 주면 꼭 자기가 아는 내용을 말해 버리니 말이야.

제20회 올림픽은 1972년에 독일 뮌헨에서 열렸어. 독일은 아직 분단 상태였고 뮌헨은 서독에 자리하고 있었지. 패전국이라는 이유로 올림픽 출전을 거부당한 적도 있고, 동독과 단일팀 구성 여부를 두고 올림픽 때마다 복잡한 상황을 연출했던 독일이었어. 그런 독일이 올림픽 개최권을 얻고 가장 내세우고 싶던 메시지는 무엇이었을까? 아마도 '평화' 아니었을까? 비록 분단 상황이긴 하지만 올림픽을 잘 치르고 전쟁 이미지도 내려놓고 싶었을 거야.

하지만 아쉽게도 올림픽은 평화와 정반대로 흘러가게 돼. 테러 사건이 올림픽을 혼란으로 빠뜨렸기 때문이야. 테러를 벌인 무리는, 팔레스타인 해방 기구의 테러 단체인 '검은 구월단'이야. 이 테러 단체가 이스라엘 선수들의 숙소를 습격해서 2명을 죽이고 9명을 인질로 삼은 끔찍한 사건이 벌어졌어. 이스라엘과 팔레스타인은

영토를 두고 아주 오랜 세월 동안 갈등을 겪고 있었어. 테러와 전쟁이 반복되고 있었지.

뮌헨 올림픽에서 벌어진 이 테러로 올림픽 사상 처음으로 대회가 중단되었고, 인질로 잡힌 선수들은 독일 경찰들의 미숙한 대처로 전원 목숨을 잃었어. 당시에는 지금처럼 테러 전담 경찰이나 군인이 없던 때였기 때문에 혼란이 컸던 거지.

갑작스러운 테러 사건에 올림픽 관계자들과 전 세계는 큰 충격에 빠졌어. 올림픽을 중단해야 한다는 의견과 올림픽을 마무리해야 한다는 의견이 이어졌어. 결과적으로 올림픽은 그대로 진행되었어.

테러에 대한 대책은 그다음 올림픽인 캐나다 몬트리올 올림픽 때부터 바로 적용되었다고 해. 과거 그런 사건을 겪고 났으니 얼마나 긴장이 되었겠어. 캐나다 정부는 테러 방지를 위해 엄청난 예산을 쏟아부었어. 도시 곳곳, 선수촌과 경기장을 지킬 수많은 경비를 고용하고 폭발물을 감지할 최첨단 장비를 준비했어.

예상치 못한 테러 방지 예산은 몬트리올을 정말 힘들게 만들었어. 돈이 너무나 부족해서 개막일까지 주경기장을 완공하기가 힘들었다고 해.

올림픽이 끝난 뒤에 몬트리올은 어떻게 되었을까? 몬트리올은 올림픽을 치르고 나서 어마어마한 빚더미에 오르고 말아. 이 빚은 고스란히 시민들의 몫이 되었어. 몬트리올이 진 빚을 갚기 위해 시민들은 어마어마한 세금을 감당해야 했지.

 이상한의 노트

최초의 올림픽 마스코트

뮌헨 올림픽의 마스코트 '발디(Waldi)'는 하계 올림픽 최초의 마스코트다. 발디는 독일 사람들이 많이 키우는 개 닥스훈트를 모델로 만들었다. 발디는 올림픽 오륜기의 색 중에서 파란색, 초록색, 노란색을 활용해 꾸민 것이 특징이다. 올림픽 마스코트는 주로 그 나라나 도시를 상징할 수 있는 동물이나 캐릭터를 디자인하고 올림픽의 콘셉트를 한눈에 알 수 있게 만든다. 올림픽 마스코트는 올림픽이 진행되는 동안 홍보의 중심 역할을 하기 때문에 디자인에 무척 많은 공을 들이고 있다.

세 번째 카드 - 제24회 올림픽

"너 제법이다. 올림픽에 대해 술술 나오는구나. 누가 보면 로봇인 줄? 다음 카드는, 24회? 나 알아! 알아! 서울 올림픽이잖아!"

강나라는 내가 답을 말하기도 전에 신이 나서 외쳤어. 나는 선수를 뺏기기 전에 얼른 강나라의 입을 막았어.

그래, 다음 카드는 1988년에 열린 서울 올림픽이야. 서울 올림픽은 우리나라에서 열린 첫 올림픽이지. 그리고 올림픽 역사에서도 꽤나 중요하게 이야기하는 올림픽이야. 앞에서 제2차 세계 대전 이후 전 세계가 이념에 따라 둘로 나뉘었다고 했었지. 이런 세계 분위기는 서울 올림픽 전에 열린 아홉 번의 올림픽에도 큰 영향을 끼쳤어. 그래서 평화와 화합을 내세운 올림픽 정신이 위협받기도 했지. 양쪽 진영에서 힘이 센 미국이나 소련을 중심으로 올림픽이 진행되기도 했고 말이야. 덩달아 참가국도 들쭉날쭉했어. 그만큼 국제 정세가 불안정했다는 뜻이기도 해.

서울 올림픽 이전에 열린 올림픽들을 살펴보면 이념 전쟁이 얼마나 심각했는지 알 수 있어. 1980년에 소련에서 열린 제22회 모스

쿠바 올림픽에는 미국을 중심으로 한 67개 나라가 참여하지 않았어. 그다음 미국에서 열린 제23회 로스앤젤레스 올림픽에는 소련과 북한 등 사회주의 국가들이 올림픽에 참여하지 않겠다는 의사를 밝혔지. 올림픽 개최지가 어느 곳이냐에 따라 올림픽에 참가할지 말지가 결정된 거야.

참가국들의 이런 결정은 당시 정치적 상황으로 봤을 때 매우 중요하고 심각한 일이었어. 국제 관계에 영향을 끼칠 만큼 외교적으로 중요한 문제였기 때문이야.

 이상한의 노트

모스크바 올림픽 불참 사건

1979년 소련은 아프가니스탄의 수도 카불에서 쿠데타가 발생하자 군사를 보낸다. 겉으로는 아프가니스탄의 쿠데타 진압을 위해서라고 했지만 사실 중동 지역의 석유를 확보하기 위한 작전이기도 했다. 소련이 석유를 확보하도록 놔둘 리 없는 미국은 소련에 군대를 철수하라고 요구한다. 요구에 따르지 않을 때에는 소련에서 열리기로 한 모스크바 올림픽에 참가하지 않겠다고 선언한다.

하지만 소련은 군대를 철수하지 않았고 이 일을 계기로 미국을 비롯한 여러 나라가 모스크바 올림픽에 선수단을 보내지 않게 되었다. 이 사건은 냉전 체제를 설명하는 대표적인 일인 동시에 올림픽을 외교적 수단으로 이용한 사례로 꼽히고 있다.

세계 정세가 그랬다고는 하지만 참가국이 들쭉날쭉한 건 결코 좋은 상황이 아니었어. 연속적으로 참가국 불참 사건이 벌어지니 사람들은 IOC에 불만을 쏟아 내. IOC가 국제 정세에 휘둘리며 중심을 잡지 못하고 있다는 느낌이 든 거지.

게다가 전 세계 사람들은 이미 뮌헨 올림픽에서 위험한 올림픽을 겪었어. 몬트리올 올림픽을 통해 세금 폭탄도 목격했고. 올림픽은 위험하고 돈도 많이 들어간다는 인식이 생기기 시작했어.

이렇게 쌓인 불만은 결국 24회 올림픽 개최지 선정 기간에 터지고 말아. 올림픽을 개최하고 싶다고 신청하는 나라가 눈에 띄게 줄어든 거야. 심지어 24회 올림픽의 개최를 희망한다고 신청한 곳은 일본 나고야뿐이었어.

그런데 어떻게 24회 올림픽을 서울에서 열 수 있었을까? 올림픽 개최지 신청 기간이 마무리될 즈음, 한국의 올림픽 유치단에서 뒤늦게 개최지 신청서를 제출했어. 하지만 누구도 서울이 나고야를 이기고 올림픽을 열 수 있을 거라고 생각하지 못했지. 왜냐하면 1980년대 초 대한민국은 경제적으로 넉넉한 나라가 아니었거든. 6·25 전쟁이 끝나고 폐허를 복구하는 데만도 엄청난 물자와 시간이 필요했고, 정치적으로도 무척 혼란스러웠기 때문이야. 하지만 일본은 한국보다 경제 사정이 좋았어.

올림픽 개최지를 선정할 때에 IOC에서 사전 조사를 하는데, 올림픽을 여는 데에 막대한 돈이 들어가기 때문에 경제적 형편이 어려운 나라의 경우에는 사전 조사 심사에서 떨어질 수 있었지.

그래도 우리나라 입장에서는 올림픽 유치단을 꾸리고 개최지로 선정되기 위해 할 수 있는 모든 걸 해야 했어. 다시 오지 않을 기회라고 생각한 거야. IOC 위원들을 설득하기 위해서 최선을 다했어. 간절하면 이루어진다고 했던가? IOC 총회에서 79명의 IOC 위원이 투표에 참여했는데, 결과는 서울 52표, 나고야 27표로 서울이 제24회 올림픽 개최지에 선정되었어.

서울 올림픽은 세계에 대한민국을 홍보할 수 있는 절호의 기회였어. 우리나라는 열심히 올림픽 준비를 했어. 고속 도로도 새로 깔고 경기장도 지었어. 나라에서 열리는 큰 스포츠 행사에 대한민국 국민들의 기대감은 하늘을 찔렀지.

올림픽 기간에 생긴 고속 도로와 물건, 건물에 '88'이 들어가는 건 너무나 당연하게 여길 정도였어. 88 올림픽 고속 도로, 88 담배,

88 슈퍼마켓까지! 서울 올림픽 상징이었던 삼태극(빨간색, 파란색, 노란색 태극) 문양을 그린 부채와 호돌이 인형은 집집마다 하나씩 있을 정도로 인기였어.

사실 정치와 경제가 불안했던 한국이 올림픽을 잘 치를 수 있을지 걱정하는 눈도 많았어. 세계에 한국은 오랜 기

간 전쟁을 겪어 경제가 어려운 나라, 군사 쿠데타로 정세가 불안정한 나라라고 알려져 있었기 때문이야.

하지만 IOC 입장에서 보았을 때, 서울 올림픽은 꽤 성공한 올림픽으로 평가된다고 해.

냉전 체제로 여러 나라가 불참한 앞선 올림픽들과는 달리 서울 올림픽은 12년 만에 자본주의 국가와 사회주의 국가가 한자리에 모인 올림픽으로 기록되었기 때문이야. 비록 북한은 참가하지 않았지

만 무려 159개 나라가 참가했지.

개최국 한국은 금메달 12개, 은메달 10개, 동메달 11개로 역대 최고의 성적을 올려 세계 사람들을 놀라게 했어. 특히 시민들이 자발적으로 참여해 활동한 자원 봉사단은 올림픽 기간 내내 주목을 받기도 했어.

물론 성공적인 모습만 있는 건 아냐. 올림픽만을 위한 정부의 정책이 실수를 저지르기도 했거든. 당시 정부는 깨끗하게 도시를 정비한다는 명분을 내세워 가난한 사람들이 모여 살던 동네의 주민들을 강제로 내쫓고, 판자로 엮은 집들을 없애 버렸어. 그곳이 유일한 터전이었던 약 70만 명의 사람들은 수도권 밖으로 밀려나 집 없이 떠돌며 살아야 했대. 올림픽이라는 화려한 행사로 전 국민이 들뜬 와중에 생존을 위협받는 사람들도 있었던 거야.

네 번째 카드 - 제25회 올림픽

제25회 올림픽은 1992년에 스페인에서 열린 바르셀로나 올림픽이야. 90년대로 넘어오면서 냉전 시대가 서서히 막을 내리고 있었어. 그동안 참가국이 대폭 줄어 반쪽 올림픽을 열기도 하고, 인종이나 이념이 다르다고 배척하기도 하면서 '화합의 장'이라는 올림픽 정신이 흐릿해졌잖아. 이제 올림픽의 분위기가 조금씩 살아나기 시작했어.

우선 동독과 서독으로 나뉘었던 독일이 1990년 10월에 통일을 이루면서 하나의 나라로 당당하게 올림픽에 참가했어. 모스크바 올림픽 이후로 올림픽에 나오지 못했던 북한과 쿠바도 참가 자격을 얻을 수 있었고. 두 가지 경우만 봐도 세계의 이념 전쟁이 막을 내렸다는 걸 알 수 있겠지? 또 하나, 인종 차별 정책(아파르트헤이트) 때문에 올림픽 참가가 거부되었던 남아프리카 공화국은 오랜 인종 차별 정책을 없애고 바르셀로나 올림픽에 나올 수 있었어. 이건 올림픽 역사에서도 세계사에서도 무척이나 의미 있는 변화였지.

그런데 나는 바르셀로나 올림픽 하면 떠오르는 한 사람이 있어. 바로 마라톤 금메달리스트 황영조 선수야. 내가 고대부터 지금까지 달리기 선수로 살아왔는데 마라톤 이야기가 빠질 수 없지.

마라톤은 하계 올림픽에서 올림픽 육상 종목의 가장 마지막 순서야. 42.195킬로미터에 달하는 거리를 달리기 때문에 인간의 한계에 도전하는 종목이라고들 해. 마라톤은 근대 올림픽 역사에서 가장 오랫동안 이어져 온 종목이야. 제1회 아테네 올림픽 때부터 채택된 종목이거든.

  그럼 바르셀로나 올림픽 마라톤 금메달리스트인 황영조 선수가 특별하게 여겨지는 이유는 뭘까? 마라톤 금메달은 한국 역사에서 아픈 손가락 중 하나인데, 일제 강점기인 1936년 베를린 올림픽에서 손기정 선수가 딴 금메달이 우리나라 마라톤 종목의 첫 금메달이었기 때문이야. 그때 손기정 선수는 태극기 대신 일본 국기를 달고 뛰어야 했고, 그 모습은 일제 강점기 우리 국민에게 아픈 기억으로 남았지.

  그 뒤로 사람들은 올림픽 마라톤 금메달의 영광을 이을 선수가 나타나길 기다렸어. 그리고 오랜 기다림 끝에 바르셀로나 올림픽에서 황영조 선수가 등장한 거야. 까다로운 언덕 코스를 이기고, 마지막에 일본 선수와 선두를 놓고 경쟁하다 금메달을 딴 황영조 선수의 경기 장면은 지금 생각해도 참 극적이야. 그래서인지 한국 올림픽 역사에서도 감동의 순간으로 남아 있지. 값진 올림픽 마라톤

금메달은 손기정 선수 이후로 56년 만이었어. 황영조 선수가 우리 국민들의 열렬한 박수를 받을 수밖에 없던 이유야.

 이상한의 노트

마라톤의 기원

때는 기원전 490년, 그리스와 페르시아 사이에 벌어진 전쟁에서 아테네가 승리했다. 아테네의 병사 중 한 명은 그리스 사람들에게 승리 소식을 전하기 위해 약 42킬로미터인 '마라톤'이라는 평원을 달렸다.

그리스 사람들은 그 병사를 기념하며 마라톤이라는 종목을 만들었다고 한다. 역사적인 사실인지는 의견이 분분하지만 마라톤 이야기를 할 때 빠질 수 없는 이야기다. 그래서일까. 전쟁에서 승리했던 그리스는 마라톤을 무척 의미 있는 경기로 생각하는 반면 페르시아의 후예인 이란은 마라톤 종목에 선수를 출전시키지 않는다고 한다.

약속대로 네 장의 카드를 모두 뽑았어. 나는 의기양양하게 카드를 다시 집어넣었어. 지난번에 내가 고대 올림픽 이야기를 쏟아 내니까 강나라가 냉큼 근대 올림픽에 대한 이야기를 준비했잖아? 현대 올림픽 이야기까지 차지하게 놔둘 수는 없지. 이 정도면 강나라도 포기하고 나를 올림픽 대장으로 인정해 주겠지?

강나라는 손을 비비며 날 노려보고 있었어. 그러고는 씩씩거리며 가 버리더라고. 저렇게 발을 탕탕 구르면서 가는 거 보면 내 작전에 말린 게 꽤나 속상한가 본데……. 이제는 어쩔 수 없다는 걸 깨닫고 포기하지 않을까?

4. 강나라의 이야기 - 대결은 끝나지 않았어

첫 번째 주사위 - 올림픽을 세 번이나 개최한 런던

두 번째 주사위 - 아슬아슬했던 도쿄 올림픽

세 번째 주사위 - 전통 사상을 접목한 베이징 올림픽

강나라의 노트 독특한 형태의 건축으로 주목받은 베이징 올림픽 주경기장

이건 내가 예상한 흐름이 아니야. 내가 그 이상한 설정 놀이를 흉내 내면서 근대 올림픽에 대해 쭉 읊으면 이상한이 자기가 한 거짓말을 순순히 고백할 줄 알았더니! 뭔 이상한 카드까지 준비해 와서 기어이 날 이기겠다고? 이대로는 안 되겠더라.

어차피 연극인 거 서로 눈치챈 듯하지만 이 설정을 그대로 밀고 나가기로 했어. 나는 다음 날 또 이상한을 찾아갔어. 근대 올림픽을 창시한 어르신 입장에서 올림픽에 대해 더 알려 주겠다고 했지.

이상한은 뜨악한 표정을 짓더니 자기가 더 어르신이라 올림픽에 대해서는 너보다 잘 안다며 도망가려고 하지 뭐야. 나는 절대 이상한을 놓치지 않았어. 이 대결의 마무리는 나여야 하니까.

카드를 준비한 이상한의 코를 납작납작 더 납작하게 해 주려고 나는 보드게임을 준비해 갔어. 내 게임판을 본 이상한 입이 딱 벌어졌어. 정말 질렸다는 표정이었지. 그러거나 말거나 나도 게임을 한판 제안했어. 주사위 굴려서 나온 올림픽에 대해 제대로 알고 있으면 자기 땅! 땅을 더 많이 딴 사람이 이기는 거고, 진 사람은 딱밤 다섯 대!

1차 세계대전

1회 쉬기

제 7 회 안트베르펜 올림픽 (벨기에)

제 6 회 베를린 올림픽 (독일) 취소

제 5 회 스톡홀름 올림픽 (스웨덴)

제 24 회 서울 올림픽 (대한민국)

제 23 회 로스앤젤레스 올림픽 (미국)

제 4 회 런던 올림픽 (영국)

제 22 회 모스크바 올림픽 (소련)

제 3 회 세인트루이스 올림픽 (미국)

제 21 회 몬트리올 올림픽 (캐나다)

올림픽의 강나라

제 20 회 뮌헨 올림픽 (독일/서독)

제 2 회 파리 올림픽 (프랑스)

제 19 회 멕시코시티 올림픽 (멕시코)

제 32 회 도쿄 올림픽 (일본)

제 31 회 리우데자네이루 올림픽 (브라질)

제 30 회 런던 올림픽 (영국)

제 1 회 아테네 올림픽 (그리스)

출발

제 18 회 도쿄 올림픽 (일본)

제 17 회 로마 올림픽 (이탈리아)

5칸 뒤로 지구끝구덩이

제 8회 파리 올림픽 (프랑스)

3회 쉬기
무인도

우주블랙홀

제 9회 암스테르담 올림픽 (네덜란드)

제 25회 바르셀로나 올림픽 (스페인)

제 10회 로스앤젤레스 올림픽 (미국)

지구한바퀴 부르부르

제 26회 애틀랜타 올림픽 (미국)

제 11회 베를린 올림픽 (독일)

제 27회 시드니 올림픽 (오스트레일리아)

취소
1회 쉬기
제 12회 헬싱키 올림픽 (핀란드)
2차 세계대전

제 28회 아테네 올림픽 (그리스)

1회 쉬기
제 13회 런던 올림픽 (영국)
2차 세계대전
취소

제 29회 베이징 올림픽 (중국)

제 14회 런던 올림픽 (영국)

제 16회 멜버른 올림픽 (오스트레일리아)

제 15회 헬싱키 올림픽 (핀란드)

첫 번째 주사위 - 올림픽을 세 번이나 개최한 런던

내가 던진 주사위의 수는 4! 주사위는 나를 런던 올림픽으로 데리고 갔어. 런던은 올림픽을 세 번이나 치른 도시야. 올림픽 역사상 최초지. 첫 올림픽은 제4회 런던 올림픽, 그 다음은 14회, 가장 최근은 30회 올림픽이야.

1908년 제4회 런던 올림픽은 초기 올림픽 중에서도 꽤나 안정적으로 치러졌던 올림픽에 속해. 앞에서도 잠깐 이야기했지만 런던 올림픽 전에 열린 올림픽들은 안정적인 올림픽과는 거리가 멀었어. 제1회 아테네 올림픽은 그리스 국민들의 호응은 대단했지만 국제적인 관심은 조금 미흡했고, 돈이 부족해 대회를 준비하고 진행하는 데에 어려움이 있었어.

제2회 파리 올림픽과 제3회 세인트루이스 올림픽은 만국 박람회랑 올림픽을 함께 치르는 바람에 산만하고 복잡한 올림픽으로 비판을 받았지.

올림픽 당시 영국은 세계 곳곳에 식민지를 둔 강대국이었어. 돈이 없어서 올림픽을 치르지 못한다는 말은 말이 안 될 정도였지.

주경기장 등 대회 시설을 최고로 짓는 건 물론, 그전까지는 강이나 바다에서 수영 경기를 열었던 것과는 달리 이때부터는 전용 경기장에서 수영 경기를 할 수 있었어.

금, 은, 동메달을 선수들에게 수여한 것도 이때부터라고 해. 런던 올림픽에서 정비한 여러 규정들은 이후 열리는 현대 올림픽의 기준이 되었어.

런던에서 두 번째 올림픽을 개최한 건 그로부터 40년 뒤였어. 사실 1944년에 13회 올림픽 개최지로 런던이 지목되었지만 그때는 제2차 세계 대전이 한창이었지.

전 세계가 전쟁에 휘말린 때라 올림픽은 열리지 못했고, 1948년으로 미뤄질 수밖에 없었어. 그래서 올림픽 규정상 올림픽이 열리지 못한 13회 올림픽은 비워 두고, 14회 올림픽에 런던을 또다시 개최지로 선정하면서 올림픽 역사를 이어 가게 된 거지.

1948년의 런던은 어땠을까? 큰 전쟁으로 전 세계가 들썩인 만큼 런던도 1908년 올림픽 때와는 분위기가 달랐겠지. 제2차 세계 대전에서 연합국 중 하나였던 영국 역시 독일군의 공격을 비켜 갈 수는 없었거든.

영국은 엉망이 된 국토 일부분을 복구해야 했고, 당연히 나라에 돈도 부족해져 올림픽을 열 만한 형편은 아니었어. 그땐 영국뿐만 아니라 전 세계가 전쟁 때문에 폐허가 되어 있었지.

그건 선수촌만 보아도 알 수 있었어. 지금이야 올림픽 때에 맞춰 새로운 주경기장과 번듯한 선수촌을 짓고 기업의 후원도 많이 받아 넉넉하게 선수들을 지원하지만 그때는 군용 천막 말고는 선수촌으로 이용할 수 있는 곳이 없었다고 해. 주경기장도 기존에 있던 축구 경기장을 활용할 수밖에 없었고 말이야. 그래도 이렇게라도 구색을 갖춘 게 어디냐며 세계 곳곳에서 선수단을 파견했지.

대한민국은 어땠을까? 1948년이면 우리도 광복을 맞이한 직후잖아. 당시 우리나라는 정치적으로 경제적으로 매우 불안정했어.

그런 대혼란 속에서 대한민국은 과연 올림픽에 참여할 수 있었을까? 그래. 우리나라는 아주 어려운 사정에도 태극기를 들고 가까스로 올림픽에 참가했다고 해.

당시에는 교통편도 발달하지 않아 지금처럼 우리나라 공항에서 비행기를 타고 목적지까지 한번에 갈 수 있는 상황도 아니었어. 지구 반대편에 있는 영국에 가려면 부산에서 배를 타고 일본으로 가서, 또다시 배를 타고 중국 상하이를 거쳐 홍콩에서 비행기를 타야 했지. 그렇게 몇 개의 도시를 거치며 갈아타고 또 갈아타고 무려 20박 21일 동안 9개 국 12개 도시를 경유해서 런던에 도착했대. 지금으로선 상상하기도 힘든 여정이야.

올림픽을 치르는 기간보다 더 오랫동안 이동을 한 거잖아. 열정이 없으면 할 수 없던 일이겠지? 그만큼 간절했던 거 아닐까. 그런 조건에서도 대한민국이 아시아에서 두 번째로 좋은 성적을 냈다니 정말 대단한 일이야.

세월이 흘러 2012년, 영국은 런던에서 한 번 더 올림픽을 개최해. 제30회 런던 올림픽에는 특히 의미 있는 기록이 있어. 204개국이 런던 올림픽에 참가했는데, 올림픽 역사상 처음으로 모든 참가국에서 여자 선수가 출전했거든. 이게 특별한 일이냐고? 놀랍게도 그동안 종교적 이유로 여자 선수를 내보내지 않았던 나라가 있었어. 카타르, 사우디아라비아 등이었는데, 여성의 활동을 엄격하게 제한하는 이 나라들에서도 이제 여자 선수를 세계 대회에 내보내게 된 거야.

특히 마라톤 종목에는 모든 참가국의 여자 선수들이 참가했어.

제1회 올림픽 때 마라톤 경기장에 들어갈 수 없었던 여자 마라토너 스타마타 레비티가 생각나는 순간이야. 올림픽 역사 시작부터 차별과 한계에 도전했던 여자 선수들의 움직임이 2000년대가 되어서야 빛을 보게 된 거지.

두 번째 주사위 - 아슬아슬했던 도쿄 올림픽

주사위를 던져 게임을 이어 가다 보니 앞에서 이미 서로 잘난 척하며 이야기했던 올림픽들이 등장하더라고. 그럴 때에는 이야기는 그냥 넘어가고 자기 땅이라는 표시만 하기로 했어. 그랬더니 내가 표시한 땅이 꽤 되더라고! 이상한은 무인도에서 세 번이나 쉬고 또 제2차 세계 대전 구간에 걸려 두 번이나 더 쉬었거든. 참 운도 없지.

몇 번이나 쉬던 이상한이 야심 차게 던진 주사위에서 제18회 도쿄 올림픽이 나왔어. 그러고 보니 개최지 중에는 올림픽을 두 번 개최한 도시가 꽤 많더라. 프랑스 파리, 미국 로스앤젤레스처럼 말이야. 거기에 또 한 군데를 추가하자면, 일본 도쿄가 있어. 일본은 1964년 도쿄에서 올림픽을 개최했고, 2021년에 32회 올림픽을 또 개최했거든.

제18회 도쿄 올림픽 당시 세계가 주목했던 부분은 '성화 봉송'이었어. 일본은 성화 봉송 주자를 선정하는 데 꽤나 깊은 고민을 했다고 해.

1964년에 열린 도쿄 올림픽에서는 성화 봉송 첫 주자와 마지막 주자가 모두 제2차 세계 대전과 연관이 있는 사람으로 선정되었지. 첫 주자는 전쟁고아, 마지막 주자는 히로시마 원자 폭탄 피해자 2세였다고 해. 이 점이 왜 논란이 되었을까?

지금도 그렇지만, 일본은 전쟁의 역사에서 특히 예민한 반응을 보여. 이유는 자신의 나라를 전쟁의 가해자로 볼 것인가 피해자로 볼 것인가를 두고 의견이 나뉘기 때문이야. 이건 주변 국가에게 있어서도 굉장히 중요한 문제야. 일본이 자기 나라가 전쟁을 주도했다고 인정할 경우, 독일처럼 주변의 피해 국가에 사과를 하는 등 책임을 져야 해. 하지만 "전쟁은 일으켰지만 패했기 때문에 우리도 피해자다!"라고 주장한다면 전쟁의 피해를 입은 주변 국가에 대한 사과나 책임은 외면할 수도 있다는 뜻이야.

지금까지 일본은 자신의 나라가 패전한 피해 국가라고 주장해 왔어. 미국이 일본 히로시마와 나가사키에 원자 폭탄을 투하해 전쟁에서 졌고, 원자 폭탄이라는 무시무시한 무기의 후유증을 겪었다면서 말이야. 쉽게 말해 전쟁의 가해자인지 피해자인지 가리는 자리에서 살짝 발을 빼는 형국이랄까. 물론 미국이 일본에 원자 폭탄을 투하한 건 명백한 잘못이야. 하지만 그렇다고 하더라도 전쟁의 피해자라고 하면서 전쟁에 대한 책임을 외면하는 일본의 태도는 매우 위험한 생각이 아닐까. 주변 국가를 침략하기 위해 전쟁을 벌인 게 명백한데 결말만 놓고 우리는 피해자라고 주장하는 건 앞뒤가 맞지 않는 상황이지.

지금도 일본은 전쟁 당시 주변국에 피해를 준 사실들을 인정하지 않고 있어. 일본의 정치 상황도 이 문제와 맞물려 있는 만큼 일본 정치인들이 전쟁 역사에 관련된 행보를 보여 줄 때마다 전 세계의 주목을 받지. 2021년에 열린 제32회 도쿄 올림픽에서 일본이 어떤 가치관을 보여 줄지 세계의 관심이 쏠렸던 이유야.

두 번째 열리는 도쿄 올림픽에서 세계가 주목했던 또 다른 부분은 바로 환경 문제야. 일본은 2011년에 발생한 일본 동북부 대지진으로 방사능 유출 사고를 겪었어. 방사능이 유출되는 지점은 후쿠시마에 있는 원자력 발전소로 후쿠시마는 태평양과 맞닿아 있어. 당연히 태평양을 통해 전 세계 환경에 영향을 끼치겠지.

사고 이후 후쿠시마는 심각한 방사능 오염을 겪고 있어. 때문에 아직까지도 사람의 출입을 제한하는 구역도 존재해. 게다가 후쿠시마 지역은 올림픽이 열리는 도쿄와도 가까운 편이라 선수촌과 경기장 등이 방사능 피폭으로부터 안전한지에 대해 선수들과 관계자들 모두 불안해했지. 하지만 일본 정부는 후쿠시마 지역의 방사능 오염은 도쿄 올림픽에 영향을 미치지 않는다는 입장을 내세웠어.

일본은 자신들의 주장을 2021년 올림픽 성화 봉송으로 홍보하려

고 했어. 성화 봉송을 후쿠시마 지역의 원자력 발전소와 근접한 곳에서 시작하려는 계획을 발표하면서 또 한번 논란이 되었거든. 원전 복구 후 안전에 이상이 없다는 일본 정부의 주장을 성화 봉송을 통해 몸소 보여 주려고 했던 거겠지.

이 기획은 어쩐지 1964년에 열린 도쿄 올림픽 성화 봉송을 떠올리게 했어. 세계가 도쿄 올림픽을 불편한 시각으로 바라본 하나의 이유가 되었지.

또한 도쿄 올림픽은 최초의 무관중 올림픽이자 1년을 연기한 올림픽이라는 기록도 남겼어. 2020년부터 전 세계를 힘겹게 만들고 있는 코로나19 때문에 도쿄 올림픽은 '올림픽 취소' 여부를 놓고 뜨거운 논쟁을 벌이다가 결국 1년을 연기한 2021년에 열리게 되었어. 다만 짝수 해에 열린다는 올림픽 전통에 따라 기록은 '2020년 도쿄 올림픽'으로 남겼다고 해.

올림픽 동안 코로나19 확산을 염려하여 거의 대부분의 경기를 관중이 없는 상태로 진행했고 관계자들이 참석하더라도 모두 마스크를 착용해야 했어. 선수들 역시 경기 직전까지 마스크를 쓰고 경기가 끝난 뒤에 곧바로 마스크를 착용했어. 또한 선수들은 각 종목

경기가 시작되기 5일 전에 입국할 수 있었고, 경기가 모두 끝난 뒤에는 이틀 안에 출국해야 했어.

전쟁을 겪고, 정치적 상황이나 경제적 어려움을 극복하고, 테러의 위협을 막아 내면서도 올림픽을 이어 왔는데, 21세기에 전 세계적인 전염병이 올림픽을 위협할 줄은 누구도 몰랐지. 올림픽에서 극복해야 할 숙제가 하나 더 늘어난 것일까. 앞으로 열릴 올림픽부터는 전염병에 대한 대책도 단단히 준비해야 할 것 같아.

세 번째 주사위 - 전통 사상을 접목한 베이징 올림픽

그 뒤부터는 이상한에게 주사위 운이 따랐어. 이상한은 세 번째 줄에서 많은 땅을 차지했어. 내가 우주 블랙홀에 걸리는 바람에 이상한한테 더 유리해졌지 뭐야. 마음이 조금 조급해지긴 했지만 아직 땅 개수로 따지면 내가 더 많았어. 이제 마지막 한 줄에서 승패가 갈릴 상황이 되었지. 나는 야심 차게 주사위를 던졌어. 내 주사위가 가리킨 곳은 제29회 베이징 올림픽이었어!

베이징 올림픽은 2008년에 중국의 수도 베이징에서 열린 올림픽

이야. 베이징 올림픽에서 중국은 중국의 전통 사상을 올림픽에 접목시켜 적극적으로 홍보했어.

베이징 올림픽에서는 개막식 날짜와 시간부터 색달랐더라고. 개막식은 2008년 8월 8일 오후 8시에 열렸는데, 이건 예부터 숫자 8을 행운의 숫자로 여긴 중국의 전통 사상을 반영한 거야.

공식 마스코트도 의미를 알면 재밌어. 공식 마스코트 '푸와'는 '복덩어리'라는 뜻을 가지고 있는데 다섯 가지 캐릭터로 이루어져 있어. 각 캐릭터마다 '베이베이'는 물고기, '징징'은 판다, '환환'은 올림픽 성화, '잉잉'은 티베트 영양, '니니'는 제비를 상징해. 이 마스코트들 이름의 앞 글자를 따서 읽으면 '베이징에 오신 걸 환영합니다.'로 해석할 수 있다니, 신기하지? 또한 다섯 캐릭터는 중국의 오행(五行) 사상과 올림픽 오륜기의 의미를 합쳐서 만들었다고 해. 각각 번영, 행복, 열정, 건강, 행운을 상징하지.

개막식 선수단 입장 때에도 중국의 언어 문화를 보여 주는 독특한 방식으로 진행했어. 개막식에서 각 나라별 선수단이 입장할 때 여느 올림픽처럼 알파벳 순서대로 입장하지 않고 한자 간체자의 획수 순으로 입장했던 거야. 그래서 맨 처음은 그리스, 맨 마지막만 개최국 중국이었고, 그 사이의 나머지 국가들은 획수 순으로 입장했다고 해. 한자 문화권이 아닌 나라에서는 독특한 경험으로 남았을 것 같아.

베이징은 2022년에 동계 올림픽을 개최했어. 이로써 베이징은 올림픽 역사상 하계 올림픽과 동계 올림픽을 모두 개최한 최초의 도시가 됐어. 2022년 동계 올림픽 마스코트는 얼음 옷을 입은 대왕판다 '빙둔둔'이었어. 우주복을 연상하게 하는 빙둔둔의 전신 얼음 옷은 미래를 향해 가는 가능성과 기술을 나타낸다고 해. 손바닥에 작은 하트를 그려 넣어 전 세계 사람들을 환영한다는 의미도 더했지.

게다가 메달리스트에게 주기 위해 특별히 만든 빙둔둔 인형은 황금 화환으로 둘러싸여 있는데, 올림픽의 상징인 올리브나무 가지와 더불어 소나무, 대나무, 매화가 장식되어 있어. 소나무, 대나무, 매화는 중국에서 전통적으로 추운 계절을 견디는 식물이라고 알려져 있지. 세 나무는 단단함과 강인함을 상징해. 동계 올림픽과 잘 어울리는 상징이지? 중국의 전통문화와 미래를 향한 바람을 잘 섞어 표현한 빙둔둔은 중국의 동계 올림픽 기간 내내 큰 사랑을 받았다고 해.

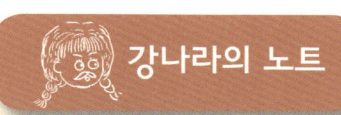 강나라의 노트

독특한 형태의 건축으로 주목받은 베이징 올림픽 주경기장

베이징 올림픽 주경기장은 강철 빔을 얼기설기 짜 넣어 '새 둥지'라는 별명을 얻었다. 특히 벽면과 지붕이 곡선 형태로 이루어져 있고, 주변 자연환경과 조화를 이루어 건축학적으로도 주목을 받았다. 필요한 전력을 태양광 에너지로 얻기 위해서 지붕에 구부러진 곡선 형태의 태양광 셀을 넣은 점도 특징이다. 2008년 올림픽 당시 주경기장에서는 개막식과 폐막식, 육상 경기와 남자 축구 결승전이 열렸다.

ⓒ TonyV3112/Shutterstock.com

5. 이상한의 이야기 - 또 다른 게임을 시작해 주마

다시 던진 주사위 - 처음 열린 겨울 스포츠 대회

한 번 더 던진 주사위 - 캐나다에서 벌인 대한민국 축제

마지막으로 던진 주사위 - 대한민국에서 열린 두 번째 올림픽

이상한은 게임을 하면서 게임 이름처럼 부르르 떨었어. 분해서일까 내 딱밤이 겁나서일까. 아마 내가 이렇게까지 준비해 올 줄은 몰랐던 거겠지? 딱하지만 어쩔 수 없지. 나는 규칙에 따라 딱밤을 때리려고 손가락을 풀고 있었어. 그때 이상한이 다급하게 외쳤어.

"잠깐! 이 게임에서 중요한 걸 놓쳤어!"

잠깐 당황스러웠지만 다시 숨을 고르면서 냉정하게 물었어. 이러다 딱밤을 피해 달아날 것 같았거든.

"왜, 뭐가 잘못됐어?"

"아, 아니. 게임에 꼭 필요한 내용이 들어가 있지 않아서."

"그러니까 그게 뭐냐고!"

"모른다 이거지?"

이상한은 히죽히죽 웃더니 신이 나서 내 게임판 위에 칸을 덧붙여 그리기 시작했어! 그러고는 다시 주사위를 던졌지. 이 게임에 끝이 있기는 한 걸까? 이상한은 주사위를 던지고 이야기를 하며 혼자 북 치고 장구 치고 난리를 부렸어. 내 게임판에서 빠진 건 도대체 뭐지?

다시 던진 주사위 – 처음 열린 겨울 스포츠 대회

자, 네가 빠뜨린 건 바로 동계 올림픽이야. 우리가 지금까지 얘기한 올림픽은 여름에 열리는 하계 올림픽이고 겨울에 열리는 올림픽도 있다는 말씀! 그러니 성급하게 대결을 마무리 짓지 말자. 그럼 동계 올림픽에 대해 좀 얘기해 볼게.

동계 올림픽이 처음 열린 건 1924년이야. 하계 올림픽이 1896년에 그리스에서 있었으니 동계 올림픽은 한참 뒤에 시작된 거지. 하지만 그 전부터 몇몇 겨울 스포츠가 하계 올림픽 종목으로 채택된 적이 있어.

맨 처음 올림픽에 포함된 경기는 피겨 스케이팅이야. 1908년 런던 하계 올림픽에서 선보였지. 그러다 1920년에 열린 안트베르펜 올림픽에서 아이스하키를 하나 더 추가했어.

이렇게 추가한 겨울 스포츠가 꽤 인기가 좋았는지 겨울 스포츠만 모아 또 다른 올림픽을 열자는 의견이 많아져.

IOC는 고민했어. 올림픽을 너무 자주 여는 건 아닌지 걱정이 되기도 했고, 겨울 스포츠면 눈과 얼음이 필요하니까 날씨의 영향을 너무 많이 받거든. 또한 경기장을 따로 짓는 것도 부담이기 때문에 무척 고민이 되었지. 하지만 겨울 스포츠는 여름 스포츠와는 다른 매력이 있었어. 겨울 스포츠에까지 올림픽을 확대할 수 있는 기회이기도 했지.

결국 1924년 파리 올림픽이 열리기 전 1월 25일부터 2월 5일까지 프랑스 샤모니에서 '국제 동계 스포츠 주간'이라는 행사가 열렸어. 2년 뒤에 IOC는 동계 올림픽을 따로 분리하기로 결정하고 샤모니에서 열린 '국제 동계 스포츠 주간'을 제1회 동계 올림픽으로 인정했다고 해.

그럼 여기서 질문, 왜 처음부터 동계 올림픽을 구상하지 않은 걸까? 쿠베르탱이 근대 올림픽을 구상할 때만 해도 겨울 스포츠는 노르웨이, 스웨덴, 덴마크처럼 눈이 많이 내리는 북유럽 국가를 중심으로 하는 운동이었어. 전 세계 여러 나라가 참여하는 국제 대회를 구상한 쿠베르탱에게 겨울 스포츠는 제한이 많다고 생각됐을 거야.

겨울 스포츠로 이뤄지는 동계 올림픽에서는 눈과 얼음을 유지하는 게 가장 중요한 일이야. 그래서 개최지를 선택할 때에도 눈이 많이 내리는 추운 지역의 도시를 선정해.

예를 들어 1928년에 열린 스위스 생모리츠 올림픽에서는 개회식 때 강풍이 불었지만 대회 동안 따뜻한 날씨가 이어져서 스피드 스케이팅 10000미터 경기가 취소되는 일이 있었다고 해. 1932년 미국 레이크플래시드에서 열린 올림픽에서도 부쩍 따뜻해진 날씨로 얼음을 유지하지 못해 봅슬레이 경기만 폐회식이 끝난 뒤에 따로 치러지기도 했지.

동계 올림픽 초창기에는 지금과 개최 시기 규정이 달랐어. 하계 올림픽이 열리는 해, 개최국의 다른 도시에서 동계 올림픽을 개최했지.

그러다 대회 기간을 수정하면서 하계 올림픽과 겹치지 않도록 하계 올림픽이 끝나고 2년 뒤에 동계 올림픽을 열기로 했어. 전 세계 사람들은 2년에 한 번씩 올림픽을 즐기게 된 셈이야.

한 번 더 던진 주사위 - 캐나다에서 벌인 대한민국 축제

제21회 동계 올림픽은 캐나다 밴쿠버에서 열렸어. 밴쿠버 동계 올림픽 이야기를 하려면 평창 동계 올림픽 이야기를 함께 꺼내야

해. 2003년 체코 프라하에서 있었던 IOC 총회에서는 제21회 동계 올림픽 개최지를 선정하고 있었어.

최종 후보는 오스트리아의 잘츠부르크, 대한민국 강원도 평창, 캐나다 밴쿠버였어. 1차 투표에서는 평창이 가장 많은 표를 얻었는데, 아쉽게도 과반수를 넘지 못해서 재투표를 해야 했지. 최소 득표를 한 잘츠부르크는 탈락하고, 평창과 밴쿠버만 남긴 채 마지막 투표를 했어. 선정된 도시와 탈락한 도시의 표차는 단 3표. 밴쿠버가 선정되고 평창이 떨어진 순간이었어.

대한민국은 다음을 기약하며 밴쿠버에 보낼 선수단을 꾸렸어. 아쉬운 마음 때문이었을까? 대한민국에서는 동계 올림픽 역대 최대 규모의 선수들이 출전해.

동계 올림픽 후보지에 평창을 내밀 만큼 동계 올림픽에 대한 관심은 무척 높아진 상태였어. 가장 많은 선수들이 가장 많은 종목에 출전했다는 기록이 남아 있지.

대한민국이 원래부터 겨울 스포츠에 강했냐고? 그렇진 않았어. 하지만 메달은 따지 못해도 꾸준히 올림픽에 참가하는 선수들이 있었고 그 노력은 1992년 프랑스 알베르빌 동계 올림픽에서 나타나.

총 25명의 선수가 참가했는데 종합 성적 10위에 오르며 세계를 깜짝 놀라게 했지. 그 뒤로 확대된 동계 올림픽에 대한 관심이 쇼트트랙 종목에만 치우쳐 있어서 사람들 머릿속에는 '동계 올림픽 = 쇼트트랙'이라는 공식이 생겨나긴 했지만 말야.

그러다 보니 쇼트트랙이 아닌 다른 종목 선수들은 경제적 지원을 받기 어려웠어. 올림픽을 목표로 해도 훈련에만 매진하기 어려운 선수들이 많았고 제대로 된 훈련장이 없이 훈련을 하기도 했어. 그래도 선수들은 포기하지 않고 계속해서 올림픽의 문을 두드렸어.

2010년 밴쿠버 동계 올림픽이 열릴 때쯤에는 쇼트트랙에만 치중되어 있던 선수단 구성 자체가 달라졌지. 크로스컨트리 스키, 바이애슬론, 스키 점프, 봅슬레이 등 선수들이 출전한 종목만 봐도 그 전까지의 올림픽과 많이 달라졌다는 걸 알 수 있어.

밴쿠버 동계 올림픽에서는 스피드 스케이팅에서 이승훈, 이상화, 모태범 선수가 금메달을 획득하고, 피겨 스케이팅 여자 싱글 부문에서 김연아 선수가 세계 신기록을 세우며 금메달을 획득해 동계 올림픽 역사에 새로운 기록을 남기기도 했어. 이 기록은 대한민국 동계 스포츠의 발전이자 아시아 동계 스포츠의 발전을 의미했어.

아시아에 있는 나라들은 비교적 동계 올림픽 개최가 늦었어. 1972년 일본 삿포로에서 열린 게 처음이니 말이야. 동계 올림픽은 개최지에 높은 산이 있어야 하고 눈이 많이 내려야 하기 때문에 개최국은 늘 아시아 쪽보다는 노르웨이, 오스트리아, 프랑스 등의 유럽이나 미국, 캐나다처럼 커다란 산맥을 끼고 있는 곳 위주였거든. 그러다 아시아에 있는 나라들도 눈이 많이 내리기로 유명한 지역을 내세워 동계 올림픽 개최에 도전하기 시작했던 거야. 아시아에 있는 일본과 한국, 중국은 계속해서 동계 올림픽의 문을 두드렸어. 그 결과는 어땠을까?

마지막으로 던진 주사위 - 대한민국에서 열린 두 번째 올림픽

대한민국 동계 올림픽의 영광은 밴쿠버에서 그치지 않았어. 결국 제23회 동계 올림픽을 대한민국 평창에서 개최하게 되었거든. 사실 평창은 21회, 22회, 23회까지 세 번이나 개최지에 도전했어. 이미 두 번 올림픽 유치에 실패했기 때문에 평창 동계 올림픽은 올림픽 개최지 선정 때부터 국민들의 관심을 한 몸에 받았지.

그런데 준비 과정에서 IOC가 한국과 일본이 함께 올림픽을 개최하자는 의견을 내놓아서 논란이 일었어. 세 번이나 올림픽에 도전하던 평창은 자존심이 상할 수밖에 없는 상황이었어. 올림픽을 개

최하는 비용을 줄여 보자는 취지에서 나온 의견이지만 일본과 공동 개최를 하는 건 우리나라 입장에서 좀 예민하게 받아들여질 수밖에 없었으니까.

결국 여론의 반대로 일본과 공동 개최하는 건 없던 일이 되었고, 대신 대한민국 안에서 다른 도시와 올림픽을 분산 개최하는 방향으로 바뀌었어. 개막식과 폐막식, 스키 점프와 봅슬레이, 스켈레톤, 루지, 크로스컨트리 스키 등은 평창에서 경기를 치렀고, 알파인 스키 경기는 평창과 정선에서 나누어 진행했어. 그리고 피겨 스케이팅, 쇼트트랙, 스피드 스케이팅, 아이스하키, 컬링 경기는 강릉에서 개최했지. 정선과 강릉은 평창과 무척 가깝기 때문에 선수들 이동에 무리가 없었어.

평창 동계 올림픽은 92개 국에서 2,833명의 선수가 참가했어. 에콰도르, 에리트레아, 코소보, 말레이시아, 싱가포르, 나이지리아 등 동계 올림픽에 처음 참가하는 나라도 있었다고 해.

한편 선수단이 입장할 때 세계인의 주목을 끈 일도 있었어. 개막식에서 우리나라 선수단과 북한 선수단이 한반도기를 들고 함께 입장한 거야. 이 모습으로 전 세계에 평화의 메시지를 전하기도 했어.

올림픽 마스코트는 수호랑과 반다비였어. 평창 동계 올림픽의 마스코트인 수호랑은 호랑이, 평창 패럴림픽의 마스코트인 반다비는 반달가슴곰을 모티브로 했다고 해. 대회 동안 한국 어디에서든 수

호랑과 반다비를 만나볼 수 있었지.

이로써 대한민국은 하계 올림픽과 동계 올림픽, FIFA 월드컵, 세계 육상 선수권 대회까지 굵직한 세계 스프츠 대회를 모두 개최한 나라가 되었어.

대회를 거듭하면서 우리나라 스포츠 분야도 점점 더 성장할 수 있었어. 스포츠에 대한 사람들의 관심이 더욱더 높아진 것도 사실이야. 그러면서 이전에는 주목받지 못했던 종목들도 알려지고, 선수들의 지원이나 훈련 환경 등에 관심을 갖는 사람들도 늘어났어. 앞으로 더 성장할 대한민국 스포츠에 응원을 보내고 싶어.

6. 이상한과 강나라의 이야기 – 남은 이야기

올림픽 출전은 아마추어 선수만 할 수 있는 걸까?

국제 올림픽 위원회(IOC)는 무엇일까?

올림픽이 끝난 뒤에 경기장은 어떻게 될까?

멋진 올림픽을 부탁해!

우리는 게임을 아무리 해도 승부를 겨루기 어려웠어. 이제 더 이상 게임으로 승부를 가리는 건 의미가 없었어. 사실 더 준비한 게임도 없었고. 누가 더 올림픽에 대해 많이 알고 있는지 겨루려면 이제 정말 난타전밖에는 없었지. 각자 그동안 모은 정보를 모두 쏟아 내야 했어. 그렇게 몇 번이나 질문을 주고받고 나니 우리는 진이 다 빠졌지 뭐야.

이상한 일은 그 뒤부터 벌어졌어. 분명 공격하기 위해 질문을 던지고 있었는데 경쟁하듯 대답을 하다 보니 어느 순간부터는 우리가 올림픽에 대해 토의를 하고 있더라고! 사실은 이상한도 이런 순간을 기대했던 것 아닐까.

지금부터는 우리가 서로 번갈아 가며 나누었던 질문과 대답을 정리해 볼게. 올림픽 중계방송을 보면서 닭다리나 뜯던 우리가 이런 토의를 이끌었다는 걸 알면 아마 깜짝 놀랄 거야.

올림픽 출전은 아마추어 선수만 할 수 있는 걸까?

올림픽 초기에는 아마추어 선수만 출전할 수 있다는 규정이 있었잖아. 하지만 오늘날 올림픽을 보면 유명한 프로 선수들도 많이 나와. 지금은 바뀐 규정인 거지? 왜 바뀐 걸까?

프로 선수들은 운동을 직업으로 하는 선수들을 이야기하지. 그 반대로 다른 직업을 갖고 있으면서 취미로 운동을 하거나, 운동으로 돈을 벌지 않는 사람을 아마추어 선수라고 해. 1992년 바르셀로나 올림픽 이전에는 '프로 선수들은 올림픽 경기에 출전할 수 없다.'는 엄격한 규정이 있었어. 아마추어 선수들만 경기에 참여할 수 있었단 얘기야. 프로 선수가 올림픽에 참여했다가 메달을 빼앗긴 사례도 있어.

고대 올림픽에는 프로와 아마추어의 개념이 없었기 때문에 이건 근대 올림픽 이후 생긴 개념이야. 처음 근대 올림픽을 시작할 때만 해도 순수하게 운동을 즐기고 운동으로 신체를 단련하는 게 올림픽 정신이라고 믿었지. 돈을 목적으로 운동하는 건 순수하지 못하다고 말이야. 물론 당시에는 여유가 있는 귀족들이 IOC를 운영했으니 저런 주장을 할 수 있었을 거야. 그들은 운동을 취미로만 하니까! 그래서 운동을 해서 돈을 버는 선수들은 올림픽 정신에 어긋난다는 이유로 엄격하게 제한한 거지.

하지만 사람들은 그 규칙에 의문을 가졌어. '스포츠로 돈을 버는 게 왜 나쁘지? 왜 프로 선수는 올림픽에 나갈 수 없어?'라는 생각을 하는 사람들이 점점 늘어났어. 생각해 봐. 운동을 직업으로 삼는 사람들이야말로 정말 올림픽에 도전하고 싶은 생각이 들지 않겠어? 세계 선수들과 맞서 자신의 기량을 맘껏 뽐낼 수 있는 기회이기도 하잖아. 스포츠가 발전하면서 프로 선수들의 수가 늘어난 것도 출전 규정 폐지 주장에 힘을 실어 주었지. 관중도 선수들도 원하니 프로 선수들이 올림픽에 참여할 수 없다는 규정은 점차 힘을 잃어 갔어. 시대가 변해서 운동선수들도 후원을 받아야 운동을 계속할 수 있었으니까. 결국 아마추어 선수들만 출전할 수 있다는 IOC의 고집은 그렇게 막을 내렸지.

국제 올림픽 위원회(IOC)는 무엇일까?

올림픽의 규정을 정하는 곳은 국제 올림픽 위원회(IOC)잖아. 쿠베르탱 친구 양반, IOC가 어떤 곳인지 누구보다 잘 알겠구먼. IOC에 대해 설명 좀 부탁하네.

   허허허. 이거 내 입으로 자랑을 하려니 좀 쑥스럽구먼. IOC가 무엇을 하는 곳인지부터 이야기해야겠군.

IOC는 1894년 쿠베르탱을 중심으로 만들어진 올림픽 공식 조직이야. 처음에는 귀족이나 왕족 출신 혹은 돈이 아주 많은 사람들이 주를 이루었어(그때는 계급 사회였으니까). 쿠베르탱이 각지를 돌며 올림픽을 홍보하자 그를 후원하거나 올림픽에 관심이 있는 사람이 모여 위원회를 구성한 거지. 인원도 15명밖에 안 되었다고 해. 하지만 15명이 세계적으로 150명 이상의 영향력을 행사했다고나 할까.

그렇게 지금의 IOC는 가입국만 206개 국인 커다란 조직이 되었어. IOC 위원만 115명이니까 그 규모가 짐작이 될까? 올림픽이 한번 열릴 때마다 오가는 돈이 많아지고, 전 세계 사람들의 관심과 기업들의 협찬 경쟁이 높아지니 규모가 커지는 건 당연한 이야기일지도 모르겠어.

　점점 규모도 커지고 활동비도 많이 드니까 IOC의 돈을 관리하는 일도 매우 중요해졌어. 올림픽을 치를 큰돈은 어디서 생기냐고? IOC는 주로 후원을 받는 방법으로 활동비를 벌고, 텔레비전 중계권료나 오륜기 광고 사용료 등으로 돈을 벌고 있어. 그 돈으로는 생활이 어려워 운동을 하기 힘든 선수들을 지원하거나 국제 스포츠 대회를 지원하기도 해. 그리고 IOC 위원들이 활동하는 데 쓰는 활동비를 지급하기도 하고.

　초기에는 한번 IOC 위원으로 선정되면 평생 위원으로 남을 수 있었지만 지금은 위원마다 임기 등을 다양하게 정해 두었어. IOC 위원은 개인 약 70명, 선수 위원 15명, 종목별 국제 연맹 대표 15명, 국가 올림픽 위원회 대표 15명으로 구성되어 있어. 이렇게 세세하게 규정을 정해 두게 된 계기가 있지. 바로 솔트레이크시티 동계 올림픽 때 개최지 선정을 둘러싸고 IOC 위원이 뇌물을 받은 사건이 벌어지면서야. 이 일을 계기로 1999년 총회에서 IOC 위원의 인원을 분야별로 나누고, 임기와 자격을 제한하기로 했어.

IOC 위원은 스포츠계의 최고 명예직인 만큼 대우도 화려해. 해외를 여행할 때 입국 비자를 받지 않아도 되고 외교관 이상의 대우를 받아. 총회에 참석할 때에는 승용차나 통역, 안내 요원이 지원되기도 해. 오늘날 IOC 위원은 올림픽 평화 정신에 걸맞게 어디서든 중립을 지키고 뇌물 수수 등의 범죄 없이 청렴하게 활동하는 게 무엇보다 중요해졌어.

올림픽이 끝난 뒤에 경기장은 어떻게 될까?

 개최국은 올림픽을 열기 위해 수많은 경기장을 지어. 올림픽 기간이 끝나고 나서 그 많은 경기장은 모두 어떻게 되는 걸까?

올림픽을 여는 데 돈이 많이 드는 건 확실해. 옛날에야 경기장 규모도 작았고, 각 종목마다 전용 경기장을 지을 필요가 없었으니까 돈이 들었다고 해도 지금처럼 천문학적인 비용은 아니었어. 보통 개최하는 도시에서 기부금과 세금, 입장료로 충당할 수 있을 정도였다고 해. 물론 그마저도 빚으로 끝난 대회도 있지만 말이야. 앞에서

몬트리올 올림픽이 경비 시설을 늘리면서 빚더미에 앉았다는 이야기를 했었지. 몬트리올뿐만 아니라 국제 경기를 치르고 그 빚을 갚느라 몇 년을 허덕이는 도시도 많아.

현대로 오면서 올림픽의 규모는 점점 더 커졌어. IOC에 가입한 국가가 늘어나는 건 물론 서로 경쟁적으로 더 화려한 개막식과 폐막식을 열었지. 주경기장만 짓고 대회를 치르던 시기와는 돈을 쓰는 단위가 달라졌어. 각 종목마다 전용 경기장을 지어야 하는데 경기 종목이 계속 늘어나니까 말야. 이제는 개최하는 도시의 세금만으로는 어림도 없어졌지.

그럼 이렇게 많은 돈을 들여 준비한 만큼 올림픽을 통해 얻는 것도 있어야 하지 않을까? 그래야 올림픽을 개최하고자 하는 도시들이 생길 테니까. 아무런 이득도 없고 손해만 보는 올림픽을 누가 하려고 덤비겠어. 그래서 보통 개최국은 올림픽이 열리는 동안 기업에게 광고권을 판매

하는 방법 등으로 큰돈을 벌어.

그럼에도 불구하고 올림픽을 여는 데 돈이 워낙 많이 드니까 웬만한 수입으로는 지출을 감당하기 힘든 경우가 많아. 특히 경기장을 짓는 데 많은 돈이 들어. 주경기장 같은 경우에는 대회가 끝나면 사용하지 못하는 경우가 있어서 '비싼 일회용 경기장'이라는 비난을 받는 곳도 있대.

그래서 요즘에는 경기장을 지을 때 향후에 어떻게 활용할지도 함께 논의되고 있어. 2012년 런던 올림픽의 경우에는 친환경적인 콘셉트를 내세워 경기장을 디자인했어. 버려지는 폐자재를 이용해 지어진 올림픽 주경기장은 지금도 영국 프로 축구단의 홈구장으로 사용되고 있대.

대한민국에서도 두 번이나 올림픽이 열렸잖아. 그때의 주경기장은 어떻게 되었을까? 서울 올림픽 주경기장은 지금은 프로 축구 경기장과 공연장 등으로 쓰이고 있어. 리모델링도 계획되어 있고 좀 더 다양한 방향으로 활용하는 방안이 계속해서 논의되고 있대. 경기장 주변은 지금 시민 공원으로 조성해 두었어. 평창 동계 올림픽 스타디움은

애초에 지을 때부터 철거가 용이한 자재를 이용해 지었고, 대회가 끝난 뒤에 기념할 수 있는 조형물과 성화대만 남기고 모두 철거했어. 지금은 그 자리에 평창 동계 올림픽 기념관을 세웠지. 육상 트랙과 축구장은 복구해서 여러 축구팀의 훈련 장소로 쓰이고 있다고 해.

규모가 크고 화려한 개막식과 폐막식도 좋지만 이제는 지속 가능한 올림픽 시설에 대해서도 고민할 때야. 실제로 1992년 알베르빌 동계 올림픽 당시 크로스컨트리 스키 경기장을 건설하면서 희귀 습지를 파괴해 논란이 생기기도 했어. '환경 올림픽' 개념을 중요하게 생각한 IOC는 2000년부터 개최지 희망 도시에 환경 관련 계획을 제출하게 하고 있지. 태양열이나 지열 에너지를 이용하는 시설은 이제 의무에 가까워. 경기장 재사용에 대한 계획도 필요하지. 평창 동계 올림픽 때에도 저탄소와 친환경, 지속 가능성을 내세워 대회를 준비했으니 말이야.

멋진 올림픽을 부탁해!

 앞으로 기대하는 올림픽은 어떤 올림픽이야?

 나는 언제나 공정한 경기가 치러지는 올림픽을 보고 싶어. 국가의 힘이나 돈에 좌우되는 경기 또는 공정하지 못한 심판 때문에 올림픽의 권위가 손상되는 건 경기를 보는 관중 입장에서도 힘 빠지는 일이야. 약물 투여나 반칙으로 논란이 오가는 올림픽도 마찬가지고. 나도 운동선수여서 그런지 공정함에 더 관심이 가더라.

4년을 힘껏 준비해 온 선수들에게 공정한 기회가 주어지고, 선수들은 규칙을 지키면서 최선을 다하는 것이야말로 올림픽의 핵심이지. 사람들은 이런 깨끗하고 공정한 경기를 기대하면서 올림픽을 기다리는 걸 거야.

이런 모습은 올림픽뿐만 아니라 사회 전체에 바라는 모습이기도 해. '공정하고 평등한 사회'는 우리가 기대하는 사회 모습이잖아. 스포츠를 통해 사람들이 아직 건강한 가치관이 살아 있다는 걸 확인하면 좋겠어. '올림픽은 건강한 정신을 바탕으로 건강한 신체를 만들어 가는 데 있다.'는 최초 올림픽의 목표를 나도 가슴에 새길 거야.

올림픽은 건강한 정신과 신체에서 출발한다는 말을 마무리하는 이상한의 눈빛이 초롱초롱 빛났어.

이렇게 우리의 대결은 끝났어. 둘 중 누가 이겼는지 따지는 사람은 없었지. 이렇게 거창한 말로 마무리를 하고선 누가 이기고 졌는지, 누가 누구의 이마에 딱밤을 때릴지에 대해 어떻게 말을 하겠어.

우리가 올림픽을 주제로 이렇게 많은 대화를 나눴다는 게 중요한 거지. '이렇게까지 대화가 잘 통하는 친구였나?' 하는 생각이 들 정도로 말이야. 그래서 우리는 진심으로 악수를 나누었어.

하지만 곧 누가 먼저랄 것도 없이 악수하는 손에 힘이 들어갔지. 자존심을 내세운 말들도 튀어나왔어.

"그래, 자네 덕분에 올림픽을 다시 추억했구먼. 앞으로 적어도 200년 동안은 올림픽을 위해 열심히 일하게."

이상한은 턱을 들어 으스대며 말했어.

"무슨 소리, 자네야말로 앞으로 3000년 동안은 쭉 달리시게나. 올림픽은 내가 잘 챙길 테니 말이야. 올림픽 정신으로 무장하는 거

잊지 말고!"

나는 이상한의 어깨를 툭툭 치며 격려했지.

서로 경쟁의 표정을 풀지 않은 척했지만 속으로는 앞으로도 대결을 핑계 삼아 이 녀석과 올림픽에 대해 더 이야기하고 싶다는 생각이 들었어. 이상한도 나와 같은 생각인지 날 보고 씩 웃더라. 우리 다음 올림픽 때에는 어떤 이야기들을 나눌까? 4년 동안 준비해서 내공의 끝을 보여 줘야겠어. 기다려라, 이상한!

하계 올림픽

1회   개최지 : 그리스 아테네

　　　대회 기간 : 1896년 4월 6일 ~ 4월 15일

2회   개최지 : 프랑스 파리

　　　대회 기간 : 1900년 5월 14일 ~ 10월 28일

3회 개최지 : 미국 세인트루이스

    대회 기간 : 1904년 7월 1일 ~ 11월 23일

4회 개최지 : 영국 런던

    대회 기간 : 1908년 4월 27일 ~ 10월 31일

5회 개최지 : 스웨덴 스톡홀름

    대회 기간 : 1912년 5월 5일 ~ 7월 22일

6회 개최지 : 독일 베를린(제1차 세계 대전으로 개최 무산)

7회 개최지 : 벨기에 안트베르펜

    대회 기간 : 1920년 4월 20일 ~ 9월 12일

8회 개최지 : 프랑스 파리

　　　대회 기간 : 1924년 5월 4일 ~ 1924년 7월 27일

9회 개최지 : 네덜란드 암스테르담

　　　대회 기간 : 1928년 5월 17일 ~ 8월 12일

10회 개최지 : 미국 로스앤젤레스

　　　대회 기간 : 1932년 7월 30일 ~ 8월 14일

11회 개최지 : 독일 베를린

　　　대회 기간 : 1936년 8월 1일 ~ 8월 16일

12회 핀란드 헬싱키(제2차 세계 대전으로 개최 무산)

13회 영국 런던(제2차 세계 대전으로 개최 무산)

14회 개최지 : 영국 런던

　　　대회 기간 : 1948년 7월 29일 ~ 8월 14일

15회 개최지 : 핀란드 헬싱키

　　　대회 기간 : 1952년 7월 19일 ~ 8월 3일

16회 개최지 : 오스트레일리아 멜버른

　　　대회 기간 : 1956년 11월 22일 ~ 12월 8일

17회 개최지 : 이탈리아 로마

　　　대회 기간 : 1960년 8월 25일 ~ 9월 11일

18회 개최지 : 일본 도쿄

대회 기간 : 1964년 10월 10일 ~ 10월 24일

19회 개최지 : 멕시코 멕시코시티

대회 기간 : 1968년 10월 12일 ~ 1968년 10월 27일

20회 개최지 : 독일(서독) 뮌헨

대회 기간 : 1972년 8월 26일 ~ 9월 11일

21회 개최지 : 캐나다 몬트리올

대회 기간 : 1976년 7월 17일 ~ 8월 1일

22회 개최지 : 소련 모스크바

대회 기간 : 1980년 7월 19일 ~ 8월 3일

23회 개최지 : 미국 로스앤젤레스

대회 기간 : 1984년 7월 28일 ~ 8월 12일

24회 개최지 : 대한민국 서울

대회 기간 : 1988년 9월 17일 ~ 10월 2일

25회 개최지 : 스페인 바르셀로나

대회 기간 : 1992년 7월 25일 ~ 8월 9일

26회 개최지 : 미국 애틀랜타

대회 기간 : 1996년 7월 19일 ~ 8월 4일

27회 개최지 : 오스트레일리아 시드니

　　　　대회 기간 : 2000년 9월 15일 ~ 10월 1일

28회 개최지 : 그리스 아테네

　　　　대회 기간 : 2004년 8월 13일 ~ 8월 29일

29회 개최지 : 중국 베이징

　　　　대회 기간 : 2008년 8월 8일 ~ 8월 24일

30회 개최지 : 영국 런던

　　　　대회 기간 : 2012년 7월 27일 ~ 8월 12일

31회 개최지 : 브라질 리우데자네이루

　　　　대회 기간 : 2016년 8월 5일 ~ 8월 21일

32회 개최지 : 일본 도쿄

　　　　대회 기간 : 2021년 7월 23일 ~ 8월 8일

동계 올림픽

1회 개최지 : 프랑스 샤모니

　　대회 기간 : 1924년 1월 25일 ~ 2월 5일

2회 개최지 : 스위스 생모리츠

　　대회 기간 : 1928년 2월 11일 ~ 2월 19일

3회 개최지 : 미국 레이크플래시드

　　대회 기간 : 1932년 2월 4일 ~ 2월 15일

4회 개최지 : 독일 가르미슈파르텐키르헨

　　대회 기간 : 1936년 2월 6일 ~ 2월 16일

5회 개최지 : 스위스 생모리츠

　　대회 기간 : 1948년 1월 30일 ~ 2월 8일

6회 개최지 : 노르웨이 오슬로

　　대회 기간 : 1952년 2월 14일 ~ 2월 25일

7회 개최지 : 이탈리아 코르티나담페초

　　대회 기간: 1956년 1월 26일 ~ 2월 5일

8회 개최지 : 미국 스쿼밸리

　　대회 기간: 1960년 2월 18일 ~ 2월 28일

9회　개최지 : 오스트리아 인스브루크

　　　대회 기간 : 1964년 1월 29일 ~ 2월 9일

10회　개최지 : 프랑스 그르노블

　　　대회 기간 : 1968년 2월 6일 ~ 2월 18일

11회　개최지 : 일본 삿포로

　　　대회 기간 : 1972년 2월 3일 ~ 2월 13일

12회　개최지 : 오스트리아 인스브루크

　　　대회 기간 : 1976년 2월 4일 ~ 2월 15일

13회　개최지 : 미국 레이크플래시드

　　　대회 기간 : 1980년 2월 13일 ~ 2월 24일

14회　개최지 : 유고슬라비아 사라예보

　　　대회 기간 : 1984년 2월 8일 ~ 2월 19일

15회　개최지 : 캐나다 캘거리

　　　대회 기간: 1988년 2월 13일 ~ 2월 28일

16회　개최지 : 프랑스 알베르빌

　　　대회 기간 : 1992년 2월 8일 ~ 2월 23일

17회　개최지 : 노르웨이 릴레함메르

　　　대회 기간 : 1994년 2월 12일 ~ 2월 27일

18회 개최지 : 일본 나가노

　　　대회 기간 : 1998년 2월 7일 ~ 2월 22일

19회 개최지 : 미국 솔트레이크시티

　　　대회 기간 : 2002년 2월 8일 ~ 2월 24일

20회 개최지 : 이탈리아 토리노

　　　대회 기간 : 2006년 2월 10일 ~ 2월 26일

21회 개최지 : 캐나다 밴쿠버

　　　대회 기간 : 2010년 2월 12일 ~ 2월 28일

22회 개최지 : 러시아 소치

　　　대회 기간 : 2014년 2월 7일 ~ 2월 23일

23회 개최지 : 대한민국 평창

　　　대회 기간 : 2018년 2월 9일 ~ 2월 25일

24회 개최지 : 중국 베이징

　　　대회 기간 : 2022년 2월 4일 ~ 2월 20일

* 위에 적힌 대회 기간은 올림픽 공식 정보와 차이가 날 수 있습니다.
　어떤 올림픽은 개막식보다 경기가 먼저 진행되었습니다.